KB220311

무비 스님의
삼대 선시 특강

무비 스님의

삼대 선시 특강

조계종
출판사

머리말

　강의의 제목을 '삼대 선시三大禪詩 특강特講'이라 했습니다. 어떠한 인연으로 모였든지 옛 조사 스님들의 주옥같은 선시禪詩를 함께 천착하고 음미하는 것은 참으로 가상한 일입니다. 특히 조사 스님들의 깊은 깨달음의 경지에 조금이나마 다가서기 위한 노력이야말로 기특한 일이며, 자부심을 가질 만한 일입니다.

　우리에게 익숙한 「신심명信心銘」, 「증도가證道歌」, 「대승찬大乘讚」의 삼대 선시는 불자라면 깊은 뜻을 모두 이해하지는 못하더라도 최소한 그 말이라도 읊조릴 줄 알아야 합니다. 선불교를 중요시 여기는 한국불교에서는 더욱 그렇습니다.

　삼대 선시를 시대 순으로 보면 「대승찬」이 제일 먼저입니다. 「대승찬」을 지으신 지공誌公 선사는 달마 스님 당시의 스님이십니다. 그다음이 「신심명」입니다. 초조初祖 달마達磨, 이조二祖 혜가

慧可 다음이 「신심명」을 지으신 삼조三祖 승찬僧璨 스님이시니 지공 선사 이후 100년쯤 뒤의 스님이십니다. 그다음 「증도가」를 지으신 영가 현각 스님은 사조와 오조를 거쳐 육조 혜능 스님의 제자입니다. 또 100년쯤 뒤입니다. 서기 400여 년 경에 지공 선사가 「대승찬」을 저술하였고, 그다음 500여 년 경에 승찬 선사가 「신심명」을 저술하였으며, 600여 년 경에 영가 스님이 「증도가」를 저술하였습니다.

삼대 선시가 저술된 시대별 순서는 이와 같지만 지명도에 따라서 제가 강의 순서를 조정하였습니다. 「신심명」이 제일 많이 알려져 있고, 그다음에 「증도가」, 마지막으로 「대승찬」이라는 저 나름의 친숙도에 따라서 순서를 정했습니다.

이번은 특강이기 때문에 속도감 있게 진행하고자 합니다. 그래서 가능하면 익히 아는 내용, 또 사전을 통해 충분히 참고할 수 있는 법수의 내용 등은 생략하겠습니다. 특히 이번 강의는 선불교 최고 수준의 지견에 있는 안목을 천양闡揚하는 시간이기 때문에 더욱 그렇습니다.

우선 강의에 앞서 「대승찬」의 마지막 구절을 살펴보겠습니다.

약오상승지진(若悟上乘至眞)하면,
불가분별남녀(不假分別男女)로다.
만약 최상승의 지극한 진리를 깨달으면,
남녀를 분별함도 없어야 하리라.

불교에는 별별 차원의 가르침이 많습니다. 팔만사천 근기에 맞춘 팔만사천 가르침이 펼쳐져 있습니다. 그중에서 최상승·최고봉에 있는 지극한 진리를 깨닫는다면, 남녀, 승속, 비구, 사미 등을 분별할 필요가 없다는 말입니다. 또한 여기에는 불교·기독교라는 분별마저도 붙을 수 없습니다. 그야말로 툭 터진, 그래서 누구와도 소통할 수 있고, 누구와도 거래할 수 있습니다. 심지어 저 푸른 소나무와도 소통할 수 있는 경지입니다.

　이것이야말로 최상승이요, 지극한 진리이며 바로 우리가 말하는 연기緣起의 실천적 면이라 할 수 있습니다. 이것을 염두에 두고 강의를 시작하겠습니다.

차례

신심명 특강

승찬 대사의 「신심명」에 대하여

「신심명信心銘」은 익히 아는 바와 같이 삼조三祖 승찬僧璨 대사의 저술입니다.

먼저 삼조三祖에 대해서 알아보겠습니다. 불조의 선맥은 1조 가섭 존자로 시작하여 2조 아난 존자로 이어져 28조 달마 스님까지 계계 승승됩니다. 28조 달마 스님은 동토東土의 초조初祖가 되고, 2조 혜 가慧可, 3조 승찬 스님으로 이어집니다. 「신심명」은 이와 같은 3조 승찬 스님의 저술입니다.

승찬 스님에 대해서 잠깐 알아보겠습니다. 승찬 스님은 마흔 살 이 다 되도록 불교의 불佛 자도 모르고 살았습니다. 더욱이 나병 에 걸려 인생의 막다른 골목에 처해 있었습니다. 몸을 치료하기 위해 여기저기 떠돌며 별별 약을 다 썼고, 별별 도사를 다 만나고 다녔습니다. 그러던 어느 날, 달마 스님으로부터 법을 전수 받은 이조 혜가라는 도사가 있다는 소문을 듣게 됩니다. 승찬 스님은 '행여 그런 사람을 만나면 무슨 도술로 이 나병을 고쳐 줄 수 있지 않을까?' 하는 기대감으로 그 도사를 찾아갔습니다. 불교에는 관심이 전혀 없었고 그저 병만 낫고자 하는 마음이었지요. 승찬 스님은 2조 혜가 스님에게 다음과 같이 여쭈었습니다.

"제가 중한 병을 앓고 있는데, 틀림없이 과거에 죄업을 많이 지은 탓인 듯합니다. 그러니 어떻게든 저의 죄업을 참회하고 그 인연과 덕으로 나병도 고칠 수 있었으면 참 좋겠습니다."

그러자 혜가 스님께서는 달마 스님으로부터 배운 바대로 말씀을 하십니다.

"그대의 죄업이 무거워서 나병을 앓고 있다니, 그 죄업을 나에게 보여 봐라."

승찬 스님은 나이 마흔이 될 때까지 나병을 앓으며 갖은 고통을 겪으면서 살아왔습니다. 동네 아이들의 돌팔매를 맞기도 하고, 밥을 얻으러 갔다가 구정물을 뒤집어쓰면서 쫓겨나기도 하고, 이 거리 저 거리를 헤매면서 굶기도 하고, 쉰밥을 얻어먹고 배탈이 나기도 했습니다. 지금도 우리의 인식이 완전히 개선되지 않았는데 1,500여 년 전의 시대 상황을 생각해 보면 나병 환자에 대한 천대가 오죽했겠습니까?

승찬 스님은 이와 같은 수모를 마흔 살까지 겪으면서 살아왔습니다. 때문에 '내가 얼마나 심한 죄업이 있기에 이런 천대를 받을 수밖에 없는 병을 앓고 있는가?'라는 생각이 자기 마음속에 가득히 있었습니다. 그래서 '그 죄업을 나에게 한번 보여 주면 좋겠다'고 혜가 스님이 말했을 때, 천근만근 짓누르고 있던 죄업이라는 의식을 금방 찾아내 보일 수 있을 것 같았습니다. 주머니에 든 물건을 꺼내 보여 주는 것처럼, 죄업에 대한 의식 또한 너무나도 확실한 것이었으니까요.

그런데 혜가 스님으로부터 그 말을 듣고는, 그토록 자신을 짓누르던 죄업을 아무리 노력해도 찾을 길이 없는 겁니다. 혼자 있을 때는 그토록 분명해 보이던 것이, '그 죄업 내놔 보아라' 했을 때는 정작 꺼내 보여 줄 수가 없었던 것입니다.

그렇게 상당한 시간이 흘렀음에도 찾을 수가 없자 승찬 스님은 "제가 죄업 때문인 줄 알았는데, 죄업이라는 것이 도대체 어디에 있는지 찾을 길이 없습니다."라고 혜가 스님에게 이야기했습니다. 이 말을 들은 혜가 스님이 "그래, 죄업은 본래 없기 때문에 당신이 찾지 못하는 거야. 있으면 왜 못 찾겠어? 없으니까 못 찾는 것 아니야?"라고 말씀하십니다. 승찬 스님은 이 한마디에 봄볕에 눈 녹듯 활연히 마음이 풀려 버립니다.

그런데 승찬 스님은 다만 정신적인 변화만 느꼈지 그것이 견성인지, 성불인지, 깨달음인지조차 몰랐습니다. 그리고 그 순간부터 몸도 가뿐해지면서 오랫동안 앓던 나병까지도 차츰 낫기 시작하더니 얼마 되지 않아 병도 완쾌되었습니다. 승찬 스님은 이러한 상황을 맞이해서 혜가 스님에게 여쭙습니다.

"스님, 제가 이런 상황이 되었는데 어찌해야 좋겠습니까?"

"그래, 불·법·승 삼보에 의지해라."

승찬 스님은 불·법·승 삼보라는 말도 모르는 사람입니다. 그래서 또 여쭈었습니다.

"스님은 제가 이렇게 맞이하고 있으니 알 것 같은데, 부처와 법은 도대체 뭡니까?"

어떻게 보면 우리보다도 불교에 대해서 훨씬 어두웠던 사람이 었습니다. 그래서 혜가 스님이 설명을 합니다.

"마음이 부처고, 마음이 법이며, 승보도 사실은 우리의 참마음이야. 불·법·승 삼보가 모두 그대의 마음자리 하나에서 나온 것이네."

혜가 스님의 가르침을 받은 승찬 스님은 그 자리에서 바로 머리를 깎고 스님이 되었습니다. 혜가 스님은 "너는 스님들 중에서 아주 빛나는 구슬이 될 것이야."라며 승찬僧璨이라는 법명을 지어 줍니다.

승찬 스님이 깨닫기까지의 과정은 참으로 신기하고 우리가 기억해야 할 만한 사연이 있기에 이야기했습니다. 승찬 스님의 과거, 거사 때의 상황을 염두에 두고 「신심명」을 읽고 이해하면 훨씬 더 가슴에 와 닿을 것입니다.

지 도 무 난
至道無難

유 혐 간 택
唯嫌揀擇

지극한 도는 어려움이 없으며
오직 간택함을 싫어할 뿐이다

'지도무난至道無難 유혐간택唯嫌揀擇 단막증애但莫憎愛 통연명백洞
然明白'은 「신심명」의 첫 네 구절입니다. 이 네 구절이 「신심명」 전
체의 심오한 내용을 푸는 열쇠라고 할 수 있습니다.

'지극한 도'라는 말은 쉽습니다. 더 쉽게 표현하면 해탈감에 젖
어 사는 삶, 가장 이상적인 삶이라 할 수 있습니다. 불교적인 안목
에서 볼 때 가장 이상적인 삶을 지도至道, 즉 지극한 도라고 했습
니다. 지극한 도를 결코 변하지 않는 영원한 행복이라 해도 크게
허물이 안 됩니다. 지도무난至道無難은 가장 이상적인 삶, 가장 행
복한 삶은 어렵지 않다는 말입니다.

유혐간택唯嫌揀擇이라 했습니다. 유혐唯嫌은 오직 싫어할 뿐이
라는 뜻입니다. "여기서 누구누구는 나가라."고 하는 것은 간揀입

니다. "밖에 있는 사람 안으로 들어와." 하는 것은 택擇입니다. 내 마음에 드는 것은 택이고, 내 마음에 들지 않는 것은 간입니다.

오직 간택함을 싫어할 뿐이라는 말은, 좋고 나쁜 것을 분별하는 마음, 그 마음을 싫어한다는 뜻입니다. 우리가 불행한 이유는 간 단합니다. 내 마음에 들고 안 들고 하는 것이 있어서 그렇습니다. 마음에 드는 것은 받아들이려 하고, 마음에 들지 않는 것은 배척 합니다. 그것 때문에 괴롭습니다.

마음에 든다 하여 선택해도 잠깐입니다. 영원을 보장하지 못합 니다. 아니, 단 몇 시간도 보장하지 못합니다. 좋아서 선택한 사람 과 결혼했다가도 머지않아 이혼을 하느니 마느니 하지 않습니까. 우리의 일상은 이렇듯 간택하는 생활에 젖어 있습니다. 그러다 보 니 문제가 깊어지고 인생의 가치를 잃어버리게 됩니다. 그래서 그 간택하는 마음을 쉬자는 겁니다.

단 막 증 애
但莫憎愛

통 연 명 백
洞然明白

다만 미워하고 사랑하지 아니하면
환하게 명백하리라.

미워하고 애착하는 것만 없으면 지극한 도, 가장 이상적인 삶, 영원히 변하지 않는 행복한 삶이 시원하게 내 앞에 나타날 것이라고 했습니다.

예부터 조사 스님들은 '지도무난至道無難 유혐간택維嫌揀擇 단막증애但莫憎愛 통연명백洞然明白'이 네 구절이 「신심명」의 전체적인 뜻을 다 함축하고 있다고 했습니다. 불교의 특별하고도 전문적인 용어를 빌리지 않고 불교 핵심을 이야기하고 있습니다.

특히 이 네 구절은 가능하면 큰 소리로 천 번 만 번 읽고 써서 익숙할 필요가 있습니다.

호 리 유 차
毫釐有差

천 지 현 격
天地懸隔

털끝만큼이라도 차이가 있으면
하늘과 땅처럼 벌어진다.

앞에서 말한 원칙에서 호리毫釐라도 차이가 있을 것 같으면, 즉 조금이라도 어긋남이 있을 것 같으면 지극한 도, 이상적인 삶과는 현격한 차이가 난다는 말입니다. 영가 스님의 「중도가」에도 이와 같은 구절이 있습니다.

비불비시불시(非不非是不是)
차지호리실천리(差之毫釐失千里)
그름과 그르지 아니한 것과 옳음과 옳지 아니함이여,
호리만큼만 어긋나도 천 리를 잃어버린다.

욕 득 현 전
欲得現前

막 존 순 역
莫存順逆

도가 앞에 나타남을 얻고자 하면
순하고 거슬림을 두지 말라.

역시 같은 말입니다. 그 지극한 도가 내 앞에 나타나게 하려면 순順과 역逆을 두지 말라고 했습니다. 순역順逆이 뭡니까? 증애와 간택과 같습니다. 순한 것은 내 마음에 드는 것이고, 역은 내 마음에 거슬리는 것입니다. 그래서 우리가 간택하는 겁니다. 결국은 실망하고, 또 다시 간택해야 하고요. 우리는 늘 그와 같은 삶을 반복하고 있습니다. 그래서 나옹 스님은 다음과 같이 노래했는지도 모릅니다.

청산혜요아이무어(靑山兮要我以無語)
창공혜요아이무구(蒼空兮要我以無垢)
요무애이무증혜(聊無愛而無憎兮)

여수여풍이종아(如水如風而終我)
청산은 나를 보고 말없이 살라 하고
창공은 나를 보고 티 없이 살라 하네.
사랑도 벗어 놓고 미움도 벗어 놓고
물같이 바람같이 살다가 가라 하네.

위 순 상 쟁
違順相爭

시 위 심 병
是爲心病

어기고 순함이 서로 다투면
이것이 마음의 병이 된다.

위순違順도 같은 말입니다. 순역, 위순, 간택, 증애는 뜻이 같습니다. 이것 때문에 우리는 항상 갈등하며 삽니다. 보통 사람의 삶이란 갈등하다 볼일 다 보는 겁니다.

'이것을 할까, 저것을 할까?', '자녀들을 이 학교 보낼까, 저 학교 보낼까?', '이것을 전공할까, 저것을 전공할까?', 스님들 방부 들일 때도 '이 절로 갈까, 저 절로 갈까?', 출가할 때도 '이 절로 갈까, 저 절로 갈까?' 하고 갈등합니다.

내 마음은 항상 갈등하고 다투고 있습니다. 그것이 내 마음의 병입니다.

불 식 현 지
不識玄旨

도 로 염 정
徒勞念靜

깊은 뜻을 알지 못하고
한갓 수고로이 생각만 고요하게 하고자 할 뿐이다.

이 구절부터는 공부하는 사람들을 바로 가르치는 내용입니다.
현지玄旨는 우리 마음의 실상입니다. 우리 마음의 됨됨이입니다.
그런데 그것을 알지 못히여 한갓 수고롭게 생각만 고요하게 하고
있다는 말입니다. 생각을 아무리 고요하게 해 보아도 금방 들고일
어납니다. 끊임없이 들고일어납니다. 그야말로 '여석압초如石壓草'
라, 돌로 풀을 눌러놓은 것과 같습니다. 돌로 풀을 눌러놓으면 풀
이 밖으로 나오지 않는 것 같지만, 밑에서는 노란 싹이 죽지 않고
있습니다.

우리의 일상생활도 마찬가지입니다. 마음속에서는 싫어하는 마
음과 좋아하는 마음이 다 같이 싹트고 있습니다. 특히, 공부하는
입장에서는 '마음을 고요하게 하라, 비워라, 없애라, 놓아라' 하는

것들이 공부인 줄로만 아는 겁니다. 마음의 본래 됨됨이가 어떻게 생겼는지를 모르고, 오직 '염정念靜', 생각만 조용하게 하고자 합니다.

마음이란 본래 조용해지지도 않고, 조용하게 할 수 있는 것도 아닙니다. 응무소주應無所住 이생기심而生其心이라고 했습니다. 머물지 않고 끊임없이 마음이 일어납니다. 끊임없이 흘러가면서 그 마음은 마음대로 돌아다닙니다. 그것이 마음의 본색입니다. 그렇기 때문에 그것 가지고 꾸짖을 것 없습니다. 마음을 억지로 붙들어 매어서 조용하게 할 필요가 없다는 말입니다. 도로염정, 즉 마음을 고요히 하고자 하는 것은 헛된 수고로움일 뿐입니다.

원 동 태 허
圓同太虛

무 흠 무 여
無欠無餘

원만하기가 태허공과 같아서
모자람도 없고 남음도 없다.

우리의 마음자리는 저 태허공과 같습니다. 모자람도 없고 남음도 없습니다. 그대로 지금 이미 완전무결합니다. 추우면 추운 줄 알고, 더우면 더운 줄 알고, 좋은 일이 있으면 좋은 줄 알고, 싫은 일이 있으면 싫은 줄 압니다. 이렇듯 완벽한데 뭐가 부족합니까.

그래서 마음을 조용하게 한다, 붙들어 맨다, 눌러 내린다, 망상을 제거한다는 등의 말들은 모두 헛소리입니다. 어떻게 보면 불교는 무수한 헛소리로 산적해 있습니다.

양 유 취 사
良由取捨

소 이 불 여
所以不如

진실로 취사심으로 말미암아
그러한 까닭에 그와 같지 못함이로다.

취사取捨 또한 상대적인 것이지요. 위순, 순역, 간택, 증애, 취사 등으로 말미암아 '불여不如', 즉 본래의 마음대로, 지극한 도대로 되지 못한다는 말입니다. 그래서 『화엄경』에서 마음은 그림을 그리는 화가와 같다고 했습니다.

심여공화사(心如工畵師)

능화제세간(能畵諸世間)

오온실종생(五蘊悉從生)

무법이부조(無法而不造)

여심불역이(如心佛亦爾)

여불중생연(如佛衆生然)

응지불여심(應知佛與心)

체성개무진(體性皆無盡)

마음은 그림을 그리는 화가와 같아서

능히 모든 세상을 다 그리네.

오온이 모두 마음으로부터 생기면

만들지 않는 것이 없네.

마음과 같이 부처도 또한 그러하며

부처와 같이 중생도 그러하네.

응당히 알라.

부처와 마음은 그 체성이 모두 끝이 없네.

막 축 유 연
莫逐有緣

물 주 공 인
勿住空忍

유연도 좇지 말고
공인에도 머물지 말라.

'유有', 즉 존재하는 것은 전부 인연의 소치에 걸려 있습니다. 공空은 보이지 않습니다. 정말 확고함에도 불구하고 안 보입니다. 그래서 참을 인忍 자를 붙여 놨습니다. 지극히 좋아하는데 좋아하는 것은 눈에 보이지 않습니다. 또 지극히 싫어하는데 싫어하는 것도 안 보이지요. 죽을 정도로 고통스러운데 고통스러운 것도 눈에 안 보여요. 이것이 인의 뜻입니다. 공의 속성이 그와 같습니다. 공의 됨됨이를 설명하는 것이 인입니다. 그래서 공인空忍입니다.

유에도 좇아가지 말고 공에도 머물지 말라고 했습니다. 유와 공 어느 한쪽에 치우쳐 꺼들리다 보면 끝이 없습니다.

일 종 평 회
一種平懷

민 연 자 진
泯然自盡

한가지로 바르게 마음에 품으면
민연히 사라져서 저절로 다하리라.

마음을 한가지로 평등하게 품는다는 것은 간택, 증애, 순역, 위순, 취사, 유공에 걸리지 않는다는 뜻입니다. 그렇게 되면 민연자진泯然自盡하게 됩니다. 떠 있는 배에 물이 들어오면 수면에서 사라지듯 저절로 이루어집니다.

우리는 시비분별, 취사선택 때문에 이상적인 삶을 살지 못합니다. 있는 그대로를 보지 못하는 것이지요. 즉, 간택, 증애, 순역, 위순, 취사, 유공에 걸려 있습니다.

예를 들어 명예도 인연에 의해 있게 마련인데 그것에 너무 집착하면 좇게 됩니다. 또한 공하다 해서 책임을 다하지 않기도 합니다. 두 경우가 바로 양변에 떨어진 어리석은 삶입니다. 하지만 마음을 한가지로 평등하게 쓰면 지혜로운 삶을 살게 됩니다.

지 동 귀 지
止動歸止

지 갱 미 동
止更彌動

움직이는 것을 그쳐 그친 데로 돌아가면
그쳐 있던 것이 다시 더 움직인다.

가만히 있는 것은 가만히 있는 대로, 움직이는 것은 움직이는 대로 놔둬야 합니다. 불교에서는 수행한다고 움직이는 것을 멈추려는 노력을 많이 합니다. 그런데 왜 움직이는 것을 멈추려고 합니까. 우리 마음은 본래 움직이도록 되어 있습니다.

신심명은 지극한 도의 자리, 완전한 행복의 자리에서 하신 말씀이기 때문에 초보자를 배려하거나 중간 과정을 설명하는 바가 없습니다. 그래서 선문禪門의 고준한 견해에 대해 관심이 없던 사람들은 도대체 무슨 소린가 싶지만, 사실은 조금만 마음을 쓰면 이것이 제일 쉬운 가르침입니다. 참회해라, 업장을 녹여야 한다, 마음을 닦아야 한다는 등의 이야기가 없습니다. 현재 그대로 완전하므로 더 이상 '이래라, 저래라' 할 것이 없다는 뜻입니다.

유체양변
唯滯兩邊

영지일종
寧知一種

오직 양변에 막힘이라,

어찌 한가지임을 알 수 있겠는가.

우리는 간택, 증애, 순역, 위순, 취사, 유공, 지동의 양변에 걸려 마음이 막혀 있습니다. 그래서 움직이는 마음의 공능도, 그치는 마음의 뛰어남노 모르고 있습니다. 궁극적으로는 움직이는 것과 그치는 것이 한가지인데 양변에 막혀 이를 알지 못합니다.

당나라 때의 승려인 백장 회해 스님은 다음과 같은 게송을 남겼습니다.

심성무염본자원성(心性無染本自圓成)

단리망연즉여여불(但離妄緣則如如佛)

심성은 물들지 않아 본래 스스로 원만하나니

다만 망령된 인연만 떠나 버리면 곧 여여한 부처라네.

일 종 불 통
一種不通

양 처 실 공
兩處失功

한가지라는 사실을 통하지 못하면
두 곳에서 그 공능을 잃어버린다.

중도의 원리를 이야기하지 않을 수 없습니다. 세상의 모든 현상은 상대적으로 이루어져 있습니다. 그래서 상대적인 것을 부정하면서 또 긍정할 수밖에 없습니다.

예를 들어 남녀평등을 이야기할 수 있습니다. 남녀평등은 남녀를 차별하지 않는다는 말입니다. 그렇지만 남자와 여자는 차이가 있고 각각의 역할이 있습니다. 승속도 마찬가지입니다.

나눠져 있지만 평등한 이치를 알아야 합니다. 그것이 융통자재融通自在해야 합니다. 분별과 차별에 걸리지 말아야 합니다. 양변에 걸리지 않으면 상대적인 세계를 이해할 수 있고, 수용할 수 있습니다. 이를 중도라 합니다. 중도의 입장에 서면 모두를 살릴 수 있는 양처득공兩處得功입니다.

견 유 몰 유
遣有沒有

종 공 배 공
從空背空

유를 보내면 유에 빠지고
공을 따라가면 공을 등진다.

「신심명」에서 매우 유명한 구절입니다. 우리는 보통 '망상이 있다, 분별심이 있다, 죄업이 있다'고 생각하여 그 죄업을 없애려고 합니다. 이것이 견유遣有입니다. 그런데 죄업을 없에려 하는 것 자체로 공연히 죄업을 한 번 더 떠올리는 겁니다. 그럴수록 오히려 죄업에 빠지게 되지요. 즉, 몰유沒有가 됩니다. '이제 저 사람 생각을 그만해야지, 저 사람을 그만 미워해야'지라는 생각이 그 사람을 미워하는 마음을 더 일으키는 일입니다.

사랑하는 마음도 마찬가지입니다. '그만 사랑해야지'라는 생각이 사랑한다는 의미입니다. 공空도 마찬가지입니다. 공이 좋다고 아무것도 없는 것을 좇는다면 오히려 공하고 등지게 됩니다. 유도 공도 그냥 놔둬야 됩니다.

제가 읽은 책 중에 『의사에게 살해당하지 않는 47가지의 방법』
이 있습니다. 세계적으로 매우 유명한 의사가 썼습니다. 그의 글
가운데 사람은 암이라는 병으로 죽는 것이 아니고, 병원에서 암
을 치료받다가 치료약 때문에 죽는다는 내용이 있습니다. 결국 병
원의 의사가 환자를 치료하는 것이 아니고 죽이게 되는 것입니다.
너무나 기가 막히잖아요. 그럼 어떻게 해야 되느냐? 그 의사는
"방치하라. 암과 같은 중병일수록 방치하라."고 말합니다.

간택揀擇이 뭡니까? 오래 살려 하고, 병을 고치려 하는 일체가
간택입니다. 최선은 그냥 내버려 두는 것입니다.

다 언 다 려
多言多慮

전 불 상 응
轉不相應

말이 많고 생각이 많으면
더욱 상응하지 못한다.

무슨 일이 생겼을 때 해결책을 찾기보다는 지나치게 고민과 걱정만 더하고 앉아 있으면 일을 해결할 수 없습니다. 또한 말이 많아도 진정성이 떨어집니다. 진실과 멀어시기 때문에 구차한 변명만 늘어나게 됩니다. 이것이다, 저것이다, 분별하고 시비하면 결국 양변에 떨어져 지극한 도와는 더욱 멀어집니다.

청매 선사는 다음과 같이 말씀하셨습니다.

내무실덕(內無實德)
외의무익(外儀無益)
안으로 실다운 덕이 없으면
밖으로 위의를 세워도 이익이 없다.

절 언 절 려
絕言絕慮

무 처 불 통
無處不通

말이 끊어지고 생각이 끊어지면
통하지 못할 데가 없다.

　부처님은 『금강경』에서 '무상위종無相爲宗', 즉 상相 없음을 종으로 삼으라고 하셨습니다. 상이 없다는 것은 말이 끊어지고 생각이 끊어졌다는 뜻입니다. 상이란 모든 변견입니다. 간택, 증애, 순역, 위순, 취사, 유공, 지동의 범주에서 말하고 생각합니다. 이러한 집착이나 분별이 끊어지면 통하지 아니하는 곳이 없다는 말입니다.

　다른 말로 '방치하라'고 표현할 수도 있습니다. 굳이 애써 생각을 내어 붙잡지 말라는 것입니다. 때로는 우리 삶도 어느 정도 방치할 필요가 있습니다.

귀 근 득 지
歸根得旨

수 조 실 종
隨照失宗

근본에 돌아가면 뜻을 얻고
비춤을 따르면 종지를 잃어버린다.

'근경根境', '적조寂照'라는 말이 있습니다. 근본과 경계, 평등과 차별을 뜻합니다. 즉, 근根과 적寂은 근본이며 경境과 조照는 경계를 말합니다. 근은 밖의 경계에 휘둘리지 않는 마음의 상대를, 조는 우리 마음이 밖을 향하여 이리저리 날뛰어 본심을 잃어버림을 뜻합니다.

저는 머리 굴리지 말고 본심대로 살자고 자주 이야기합니다. 사실 어떤 문제를 처리하고자 할 때에도 그 해결책이 떠오르지 않을 때 본심대로 하는 것이 최선책일 수 있습니다. 괜히 요란스럽게 머리 굴리다 보면 엉뚱한 결과만 초래하는 경우가 있습니다.

수 유 반 조
須臾返照

승 각 전 공
勝却前空

짧은 시간에 돌이켜서 비추면
앞 경계가 공한 것보다 수승하리라.

　앞에 있는 경계에 대해 매 순간 모든 존재의 중도성을 돌이켜
비춘다면, 현상이 완전히 공한 것으로 이해하고 수용하는 것보다
훨씬 뛰어나다는 말입니다.
　앞에서도 언급했지만, '응무소주應無所住 이생기심而生其心'이라
했습니다. 있는 것을 없게 한다든지 없는 것을 있게 한다든지 하
면 그것은 잘못된 공부입니다.

앞의 경계가 공하여 변하는 것은
다 망견을 말미암은 것이다.

참선을 하거나 기도를 하는 등 불교 공부를 하다 보면 어떤 경계를 맛보는 사람이 있습니다. 예전에 어떤 사람이 저에게 와서 "텅 빈 것 같다.", "내 자신마지도 없는 것을 느꼈다."고 말하는 경우가 있었습니다.

이는 전부 망령된 소견입니다. 그야말로 산은 산으로, 물은 물로 분명한데 텅 비어 없는 것으로 느낀다면 잘못된 일입니다.

있는 것을 있는 그대로 보면서, 그 없는 면을 함께 알아야 합니다. 이것은 대단한 가르침으로 우리가 제대로 소화를 해야 합니다.

불 용 구 진
不用求眞

유 수 식 견
唯須息見

진을 구하려 하지 말고
오직 소견을 쉬어야 하리라.

  '진망眞妄'의 상대적인 진을 말합니다. 진리가 무엇이고, 망상이 무엇인지를 분별하지 말라는 말입니다. 진은 진대로 망은 망대로 가치가 있으니 다만, 옳다느니 그르다느니 하는 소견을 쉬라는 말입니다.

  「증도가」 첫 머리에서도 '부제망상불구진不除妄想不求眞', 즉 망상을 버리지도 않고 진리를 구하지도 않음을 도인이라 하였습니다.

  도에 매우 열렬한 관심을 가진 사람은 이와 같은 가르침을 접하면 바로 깨달을 수 있습니다.

이 견 부 주
二見不住

신 막 추 심
愼莫追尋

두 가지 견해에 머물지 말고
삼가 추심하지 말라.

간택, 증애, 순역, 위순, 취사, 유공, 지동, 근경, 적조, 진망 등
이 모두 두 가지 견해입니다. 다시 말해, 있다 · 없다, 옳다 · 그
르다, 너다 · 나나 하는 분별심이 이건 見입니다. 이 두 가지 견해
에 머물지 말고 찾아 지니지도 말라는 말입니다.

재 유 시 비
纔有是非

분 연 실 심
紛然失心

잠깐이라도 옳고 그름이 있으면
복잡하여 마음을 잃으리라.

우리가 시비분별是非分別에 휘말리다 보면, 나중에는 '내가 왜 이러는가?' 싶기도 하고, '어느 것이 옳고, 어느 것이 그른가?' 하는 분별도 그만 잊어버립니다. 그래서 한 마음을 잃게 되어 조금이라도 문제가 생기면 나중에 그 문제들이 눈덩이처럼 불어나 이상적인 삶과의 격차가 하늘과 땅 차이로 벌어지게 됩니다. 앞에서의 '호리유차毫釐有差 천지현격天地懸隔'과도 같은 말입니다.

이 유 일 유
二由一有

일 역 막 수
一亦莫守

둘은 하나를 말미암아 있는 것이니
하나 또한 지키지 말라.

승찬 스님은 두 가지 견해에 대해 계속 말씀하십니다. 간택, 증
애, 순역, 위순, 취사, 유공, 지동, 근경, 적조, 진망 등입니다. 현
재 우리 사회의 경우를 예로 들면 여당과 야당, 보수와 진보, 남과
북, 고용주와 노동자 등일 수 있습니다. 하나는 일심一心입니다.
또 일심은 중도입니다.

그런데 그 중도의 존재 원리는 모든 것의 근본이 되면서 또한
모든 상대적인 것을 수용하고 있습니다. 그렇기 때문에 '일심'을
하나의 독립된 것으로 여기지 말라는 말입니다.

당나라의 선승 대주 혜해 선사의 『돈오입도요문론頓悟入道要門
論』에 다음과 같은 내용이 있습니다.

심기무이변(心旣無二邊)

중역하유재(中亦何有哉)

단득여시자(但得如是者)

즉명중도(卽名中道)

진여래도(眞如來道)

마음에 이미 양변이 없다면

중中이 어떻게 성립될 수 있겠는가?

다만 이렇게 얻은 것을

중도라 이름하니

참된 여래의 길이다.

일 심 불 생
一心不生

만 법 무 구
萬法無咎

한 마음이 생하지 아니하면
만법에 허물이 없다.

　마음에 옳고 그름, 좋고 싫음이 나지 않으면 아무런 허물이 없다는 말입니다. 우리는 모든 존재에 대해 내 마음에 맞느냐, 그렇지 않느냐로 재단합니다. 마음에 맞으면 좋고 옳은 것이며 마음에 들지 않으면 싫고 틀린 것이라고 생각합니다.

　하지만 이 세계는 그 자체로 완전합니다. 소나무는 소나무이고, 감나무는 감나무일 뿐입니다. 사람이 하는 일도 마찬가지입니다. 옳고 그름과 좋고 나쁨이 없습니다. 그저 사람에 따라 일할 뿐입니다. 결국 사람도 마찬가지입니다. 태어나는 순간 모두가 그 자체로 완전합니다. 잘나고 못난 사람이 없습니다.

무 구 무 법
無咎無法

불 생 불 심
不生不心

허물이 없으면 법도 없고
생멸도 없고 마음도 없다.

이 구절은 앞 구절과 연결하여 보면 "마음이 난다고 하지만 나
는 것이 아니고, 나는 것이 아니면 굳이 마음이라 할 것도 없다."
로 이해할 수 있습니다.

'일심불생一心不生', 즉 한 마음이 나야 망상이든지 진심이든지
하지, 그 한 마음도 나지 않았는데 무슨 마음이라고 할 것이 있겠
습니까. 불생不生이면 불심不心입니다.

그야말로 구모토각龜毛兎角입니다. 거북 털이요, 토끼 뿔이지요.
거북 털 가지고 시비하는 사람이 있습니까? 본래 없는 것 가지고
시비하지 않습니다.

능수경멸
能隨境滅

경축능침
境逐能沈

능(주관)은 경(객관)을 따라서 멸하고
경(객관)은 능(주관)을 좇아서 잠긴다.

　우리는 항상 분별하여 주관과 객관, 옳다 그르다, 좋다 나쁘다고 합니다. 이렇듯 상대의 세계는 쌍방에 다 허물이 있습니다. 객관만 허물이 있는 것이 아니고, 주관인 나도 허물이 있습니다. 그래서 황벽 스님이 설한 『전심법요傳心法要』의 다음과 같은 가르침은 더 크게 다가옵니다.

　불설일체법(佛說一切法)
　위제일체법(爲除一切法)
　아무일체법(我無一切法)
　하용일체법(何用一切法)
　부처님이 설하신 일체 법은

일체의 마음을 없애기 위한 것이다.

나에게는 일체의 마음이 없는데

어찌 일체 법을 쓰리오.

경 유 능 경
境由能境

능 유 경 능
能由境能

객관은 주관을 말미암은 객관이요,

주관은 객관을 말미암은 주관이다.

너는 나 때문에 너고, 나는 너 때문에 나라는 말입니다. 이것을 부처님께서는 일찍이 갈대의 두 단에 비유하셨습니다. 갈대의 한 단을 쓰러뜨리면 다른 한 단도 같이 넘어집니다. 결국 두 단 모두 넘어지는 것이지요.

주관과 객관도 그와 같은 관계입니다.

욕 지 양 단
欲知兩段

원 시 일 공
元是一空

양단을 알고자 하면
원래 하나의 공이다.

    양단兩段은 모든 상대적인 것을 말합니다. 주객, 선악, 시비, 진망, 유공, 능경 등이 바로 그것입니다. 유무와 피아의 상대적 세계에 갇혀 온갖 시비분별을 일삼는데, 그 본질은 하나의 공입니다. 일공一空은 일심이나 중도와 같은 개념입니다. 유와 공의 상대적인 공이 아닙니다.

일 공 동 양
一空同兩

제 함 만 상
齊含萬象

하나의 공은 둘과 같아서
삼라만상을 가지런히 포함한다.

하나의 공, 즉 중도의 입장이 되면 두 가지가 다 생명력을 얻을 수 있습니다. 너도 살고 나도 살고, 옳은 것도 살고 그른 것도 다 살아닙니다.

우리가 이러한 이치를 모르면 나만 살고 상대는 부정하기 쉽습니다. 상대가 살면 또 나를 부정하게 되고요. 서로 부정합니다. 나에게는 당신이 없고, 당신에게는 내가 없습니다. 우리는 항상 옳고 그름을 정해 놓고 살았습니다. 그렇기 때문에 만상을 살릴 수 없는 거지요.

불 견 정 추
不見精麤

영 유 편 당
寧有偏黨

정과 추를 보지 않나니
어찌 편당이 있겠는가.

정추精麤를 이야기할 때 음식의 예를 자주 듭니다. 한 상에 반찬이 다섯 가지가 있다면 마음에 드는 음식과 거친 음식이 있을 수가 있습니다. 그런데 그렇게 보지 않는다는 것이지요. 좋고 싫음의 마음을 내지 않고 다만 몸을 살피는 음식으로만 보아 골고루 먹는다는 말입니다. 즉, 편식을 하지 않습니다.

옛날에는 쌀이 귀해서 잡곡을 먹었습니다. 그런데 지금은 쌀을 팔아서 잡곡을 사 먹습니다. 잡곡이 쌀보다 사람 몸에 훨씬 좋다고 해서 그렇습니다. 결국 우리가 어떤 가치관을 설정해 놓고 단정적으로 생각하거나 고집을 세우는 것은 문제가 많습니다. 그래서 끊임없이 되돌아봐야 됩니다.

승찬 스님은 자기 몸이 얼마나 싫었겠습니까? 다른 사람은 모두 과거 시험도 보고 벼슬도 하는 등 떳떳하게 사람 노릇을 하는데, 자기도 그와 같은 조건을 모두 갖추었음에도 불구하고 나병에 걸려 사람들로부터 천대를 받았으니 스스로를 얼마나 증오했겠습니까. 또한 다른 사람들을 얼마나 부러워했겠습니까. 승찬 스님은 부러움과 증오가 끊임없는 속에서 40여 년의 세월을 소용돌이쳤고, 그 갈등 속에서 살아왔습니다. 그래서 정추, 간택, 순역, 위순 등의 상대적인 용어들이 여기서 쏟아지는 겁니다.

일반적으로 경전에는 이와 같은 상대적인 용어가 많지 않습니다. 그런데 「신심명」에는 매우 많습니다. 그래서 "그것을 조화시켜라. 중화시켜라. 그것을 중도라고 한다. 그것이 바람직한 삶의 길이고, 지극한 도다."라 가르치고 있습니다.

대 도 체 관
大道體寬

무 이 무 난
無易無難

대도는 그 체가 너그러워서
쉬움도 없고 어려움도 없다.

큰 도는 툭 터져서 한계가 없습니다. 즉, 경계가 다 무너져 버렸다는 말입니다. 그 세계는 무한히 넓고 광대하고 깊고 높습니다. 그래서 모든 것을 수용합니다. 그렇기 때문에 쉬움도 없고 어려움도 없습니다. 당나라의 화엄종 제4조인 청량 징관 대사는 당나라 황태자가 불교에 대해 묻자 『심요전心要牋』이라는 짧은 답문에서 큰 도를 다음과 같이 표현하셨습니다.

대도본호기심(大道本乎其心)
심법본호무주(心法本乎無住)
무주심체영지불매(無住心體靈知不昧)
성상적연포함덕용(性相寂然包含德用)

큰 도란 그 마음을 근본으로 삼았고

마음의 법은 본래 머물지 않는 것으로 근본을 삼았다.

머물지 않는 마음의 본체가 신령스럽게 알아 어둡지 않다.

성품과 형상이 텅 비었으되 덕과 작용을 다 품고 있다.

소 견 호 의
小見狐疑

전 급 전 지
轉急轉遲

작은 견해로 의심하고 의심해서
급하게 할수록 더욱 더디어진다.

이 구절은 우리 일상생활에 딱 맞는 이야기입니다. 예를 들어, 차를 운전하다가 길이 막혔다고 조금이라도 빨리 가기 위해 샛길로 들어섰는데 더 막히는 것과 같습니다. 조금 기다릴 줄 알고, 머리 굴리지 않고 본심대로 살다 보면 금방 술술 빠져나가는데도 말입니다.

그런데 이리 갔다 저리 갔다 하면 서너 배나 더 더디지요. 인생사도 마찬가지고 돈벌이도 마찬가지입니다.

집 지 실 도
執之失度

필 입 사 로
必入邪路

너무 집착하면 법도를 잃어버려
반드시 삿된 길로 들어서게 된다.

　빨리 가려고 집착하면 길을 잃어버리고 잘못된 길로 들어서기 쉽습니다. 이것이 운전하는 경우에만 해당되겠습니까? 출세가도 마찬가지요, 돈벌이도 마찬가지요, 모든 부분에 해당하는 말입니다.

　돈을 많이 벌려고 하면 위험한 투자를 하게 되고, 위험한 투자를 하게 되면 반드시 잘못된 길로 들어가게 되어 있습니다. 집착하니까 법도를 잃어버립니다.

방 지 자 연
放之自然

체 무 거 주
體無去住

놓아 버리면 저절로 그러함이니
자체에 가고 머묾이 없다.

    자연自然은 자연 현상을 말하는 것이 아니라 '저절로 그러하다, 저절로 그렇게 돌아간다'는 말입니다. '그래, 좀 기다려 보자' 하고 놓아 버리면, 즉 집착과 의심, 분별 시비로부터 자유로워지면 저절로 그렇게 되어 간다는 겁니다. 집착하지 않기 때문에 갈 때와 머물 때, 갈 곳과 머물 곳을 잘 알게 됩니다. 그래서 가되 가는 것이 아니고 머물되 머무는 것이 아닙니다.

임 성 합 도
任性合道

소 요 절 뇌
逍遙絶惱

성품에 맡기면 도에 합해서
소요자재히 번거로움을 끊는다.

    도란 바깥에 있어서 가져오는 것도 아니고, 조각하듯 쪼아서 만드는 것도 아닙니다. 도를 이루기 위해 공덕을 지어야 한다거나, 육도만행을 닦아야 한다거나, 참선과 기도를 해야 한다거나, 경을 많이 보아야 하는 것이 아닙니다. 그냥 우리의 본성에 맡겨 두면 도에 합한다고 하였습니다. 본성이란 주객, 선악, 시비, 진망, 유공, 능경, 정추 등의 분별과 집착을 내려놓는 것입니다.

계 념 괴 진
繫念乖眞

혼 침 불 호
昏沈不好

생각에 얽매이면 진실과 어긋나나니

혼침도 좋지 않다.

계념혼침繫念昏沈은 성성역력惺惺歷歷과 상대되는 표현입니다. 망념에 얽매여서 기도를 한다, 화두를 든다, 업장을 제거하려 한다는 것이 계념입니다. 생각에 얽매이는 것이지요. 본성에 맡기는 것이 아니라 생각에 얽매이니 진실과 어긋납니다. 그렇다고 아무것도 하지 않고 멍청히 있으면 혼침입니다. 그렇기 때문에 정신이 성성惺惺, 즉 초롱초롱해야 하고 그 하는 일이 역력歷歷, 즉 분명해야 합니다.

불 호 노 신
不好勞神

하 용 소 친
何用疎親

좋지 않은 것과 정신을 수고롭게 하는 것에
어찌 멀고 가까움을 사용하겠는가.

불호不好는 혼침, 정신이 혼미하고 마음이 침울한 마음상태이고 노신勞神은 계념, 마음을 결박하는 번뇌를 의미합니다. 혼침과 노신 두 가지 중 어느 것이 좋다, 어느 깃이 니쁘다고 할 수 있겠느냐는 말입니다. 두 가지 모두 공부와는 맞지 않다는 말입니다.

욕 취 일 승
欲趣一乘

물 오 육 진
勿惡六塵

일승에 나아가고자 하면
육진을 싫어하지 말라.

　우리는 보통 육진경계六塵境界인 색성향미촉법色聲香味觸法의 세계는 도道가 아니라고 합니다. 『반야심경』만 하더라도 '무無 안이비설신의眼耳鼻舌身意, 무無 색성향미촉법色聲香味觸法'이라 하잖아요. 그런데 이와 같은 가르침은 방편의 가르침입니다. 유有에 꺼들리니 무無를 이야기하고 공空을 이야기한 것이지요.

　여기에서의 일승一乘은 『법화경』에서 말하는 일불승一佛乘을 뜻합니다. 일불승 자리, 최고의 자리, 궁극의 경지, 지극한 도의 차원은 근경根境을 나누지 않습니다. 부처님의 세계는 마음과 물질을 분별하지 않습니다. 이 현실 그대로가 청정법신 비로자나불의 세계입니다.

육 진 불 오
六塵不惡

환 동 정 각
還同正覺

육진을 싫어하지 않으면
또한 정각과 같다.

싫어하는 마음이 일어나는 것은 좋아하는 마음이 있기 때문입니다. 이것은 한마음이 아닌 분별과 집착의 마음이기 때문에 깨달음과는 거리가 멉니다.

부처님께서 부다가야 보리수 밑에 앉아서 깨달음을 이룬 내용은, 육진경계가 나와 같은 존재라는 사실입니다. 시성정각始成正覺, 부처님의 이와 같은 깨달음이 바로 불교의 출발입니다.

그런데 우리는 분별 망상에 의해 눈에 보이는 것, 귀에 들리는 것 등에 의해 시비를 일삼습니다.

지 자 무 위
智者無爲

우 인 자 박
愚人自縛

지혜로운 사람은 조작이 없거늘
어리석은 사람은 스스로 묶이도다.

지혜로운 사람은 육진경계에 조작을 일으키지 않습니다. 산이 푸르면 푸른 대로, 봄이 오는가 보다, 여름이 왔는가 보다 할 뿐이지 거기에 어떠한 마음도 개입시키지 않습니다. 그대로 두고 보는 것이 무위無爲입니다.

그런데 어리석은 사람은 자신의 생각을 미리 설정해 놓고 세상을 재단합니다. 색안경을 쓰고 세상을 보는 것이지요. 그리고 결국 그 색안경에 스스로가 속박당합니다.

법 무 이 법
法無異法

망 자 애 착
妄自愛着

법에는 다른 법이 없는데
망령되이 스스로 애착한다.

밤나무는 밤나무대로 훌륭하고 감나무는 감나무대로 가치가 있습니다. 법도 마찬가지입니다. 참선, 간경, 염불, 진언 등에 특별함이 있지 않습니다. 어떻게 특별하게 공부하느냐에 따라 특별한 법이 되는 것이지 특별한 법이 따로 없습니다.

근래 우리 사회에서도 '서로 다를지언정 틀린 것은 아니다'라는 입장이 대두되고 있습니다. 이는 우리 사회가 그만큼 성숙해졌다는 의미이기도 합니다. 나하고 다르다고 해서 틀렸다고 하면 안 되는 것이지요. 그런데도 우리는 특별한 법이 있다고 믿으며 그 특별한 법을 찾고 있습니다. 내가 기준으로 삼는 것, 내가 옳다고 생각하는 것을 애착할 뿐입니다. 그래서 지극한 도, 툭 터진 삶, 가장 이상적인 삶과 거리가 멀어집니다.

장 심 용 심
將心用心

기 비 대 착
豈非大錯

마음으로써 마음을 쓰니
어찌 크게 그르치는 것이 아니겠는가.

우리는 마음을 어떻게든 쓰려고 합니다. 본심대로 흘러가게 두지 않고 본래의 이치와 상반되게 그 마음을 씁니다. 그러면 본심의 마음이 아닌 조작된 마음, 특별한 마음, 망령된 마음이 작용합니다. 결국 도와는 크게 멀어지게 됩니다. 그래서 『화엄경』에서는 마음에 대해 다음과 같이 말하고 있습니다.

심불망취과거법(心不妄取過去法)
역불탐착미래사(亦不貪着未來事)
불어현재유소주(不於現在有所住)
요달삼세실공적(了達三世悉空寂)
마음으로 과거의 일을 취하지 말고

또한 미래의 일도 집착하지 말며

현재의 일에도 머물지 않으면

과거 현재 미래가 모두 공적함을 깨달으리라.

미 생 적 난
迷生寂亂

오 무 호 오
悟無好惡

미혹하면 고요함과 어지러움이 생기고
깨달음에는 좋고 싫음이 없다.

'미오迷悟', 즉 깨달았다 또는 미혹하다는 말은 마음의 이치를 아느냐 모르냐에 있습니다. 마음의 이치를 몰라 미혹하면 고요함과 어지러움이 생기게 됩니다. 이변에 치우치게 되어 병이 됩니다. 깨닫게 되면 좋고 나쁨이 없습니다. 중도의 원리를 체득하여 자유롭게 삽니다.

일 체 이 변
一切二邊

양 유 짐 작
良由斟酌

일체 이변은
진실로 짐작을 말미암는다.

자유롭고 평화로운 깨달음의 삶을 살지 못하고 미혹한 삶에 꺼들리는 이유는 모두 이변에 빠져 있기 때문입니다. 그런데 그 일체의 이변은 스스로 머리를 굴려 '옳다, 그르다', '있다, 없다' 등의 시비분별에서 생깁니다. 고려하고 따져 보고 계산하는 모든 것이 짐작입니다.

몽 환 공 화
夢幻空華

하 로 파 착
何勞把捉

꿈이요, 환이요, 헛꽃인 것을
어찌 수고로이 잡으려 하는가.

「신심명」 중 제가 가장 좋아하는 구절이기도 합니다. 우리는 저마다 옳다고 여기는 판단과 기준이 있습니다. 그것은 가치관과 인생관에 맞닿아 있지요. 때로는 자기가 설정해 놓은 가치관 때문에 상대를 인정하지 않는 경우가 있습니다. 상대를 인정하지 않으면 본인 스스로를 인정할 수도 없다는 원리를 알지 못합니다. 상대 유한의 가치와 세계를 고집하는 순간 변견에 떨어집니다.

분별 시비의 마음은 우리가 살아온 경험과 지식의 한계를 넘지 못하기 때문에 생기는 것입니다. 이러한 사실을 깊이 깨닫게 되면 지금까지 금과옥조로 여겨 온 가치 기준이나 생각 등이 꿈이요, 환이요, 헛꽃임을 분명히 인식하게 됩니다. 그럼에도 불구하고 망령된 생각을 목숨보다 더 소중하게 붙잡으려 합니다.

득 실 시 비
得失是非

일 시 방 각
一時放却

득실과 손실과 옳고 그름을
일시에 놓아 버려라.

　승찬 스님에 견주어 말한다면 '인생은 꿈이요, 환이요, 헛꽃인데 뭐 하려고 집착과 애착을 움켜쥐고 살았단 말인가, 다 놓아 버리자'라는 큰 깨달음이리 할 수 있습니다.

　승찬 스님은 '내가 지식도 있고 똑똑하고 머리도 총명한데, 나 병에 걸려서 이렇게 고생을 한다'라는 집착, 또 '출세해 보겠다, 사람다워 보겠다' 하는 애착을 일시에 놓아 버렸습니다.

　집착하고 갈구하던 그 마음은 아무리 찾아도 찾을 수 없었습니다. 본래 없는 것을 가지고 그렇게 아등바등 목을 매고 살았음을 안 것입니다. 이 사실을 아는 순간 모든 집착이 저절로 놓였지요. 그러니까 병도 낫고 마음이 환해졌습니다. 나중에 알고 보니 이를 '견성'이라 하고, '성불'이라 하더라는 겁니다. 성불하겠다는 마음으로 수행하여 성불한 게 아니고 성불하고 나서야 비로소 성불인 줄 알게 된 사람입니다.

안 약 불 수
眼若不睡

제 몽 자 제
諸夢自除

눈이 만약 잠들지 아니하면
모든 꿈이 저절로 사라진다.

이 구절은 하나의 비유로, 다음 구절과 쌍을 이루고 있습니다. 꿈은 잠을 자기 때문에 꾸게 됩니다. 잠을 자지 않으면 꿈꿀 일이 없습니다. 꿈 자체가 없다는 밀입니다.

심 약 불 이
心若不異

만 법 일 여
萬法一如

마음이 만약 달라지지 않으면
만법이 일여하다.

　　승찬 스님께서는 꿈 이야기를 하려는 것이 아닙니다. 우리의 마음을 이야기합니다. 우리 마음에 시비, 유무, 선악, 승속이라는 차별과 분별심이 없다면 그대로 다 한결같습니다. 한결같다고 하여 만법이 한 덩어리가 된다는 뜻이 아닙니다. 개별 현상이 낱낱이 그 자체로 무한한 능력을 발휘합니다. 「법성게」에 다음과 같은 내용이 있습니다.

　　우보익생만허공(雨寶益生滿虛空)
　　중생수기득이익(衆生隨器得利益)
　　허공 가득히 보배 비 내려 중생을 이롭게 하니
　　중생들은 그릇 따라 이익을 얻네.

일 여 체 현
一如體玄

올 이 망 연
兀爾忘緣

일여한 체는 깊고 깊어
올연히 인연을 잊는다.

만법이 일여하니 낱낱이 현묘해서 차별된 모든 존재를 잊어버립니다. 사람 사람이 그대로 부처라는 말입니다. 모두가 알맹이지 쭉정이는 없습니다. 모든 존재는 연기에 의한 존재이기 때문에 어떠한 차별도 다 수용하여 차별을 차별로 보지 않는다는 뜻입니다.

만 법 제 관
萬法齊觀

귀 복 자 연
歸復自然

만법을 가지런히 보면
저절로 그러함에 돌아간다.

만법萬法에 생명을 불어넣어서 어느 것 하나 부정하지 않고 평등하게 똑같은 가치로 본다는 말입니다. 그렇게 되면 저절로 그러함에 돌아간다고 했습니다. 실상을 있는 그대로 꿰뚫어 보는 지혜를 말합니다.

그런데 낱낱의 특성과 가치를 무시하고 자기와 같아야 한다고 고집을 부리는 데서 문제가 생깁니다. 학의 다리는 길게, 오리의 다리는 짧게 보는 것이 평등입니다. 학의 다리를 잘라 오리의 짧은 다리에 맞추는 것이 평등하다고 하는 것은 저절로 그러함을 등지는 것입니다.

민 기 소 이
泯其所以

불 가 방 비
不可方比

그 꼬투리를 없애면
견주어 비할 데가 없다.

「신심명」은 73개의 대구對句, 146구로 되어 있으며, 사언절구 36게송과 2구로 구성되어 있습니다. 2구로 구성되어 있는 부분이 바로 이 대목입니다. 사언절구의 체계를 기준으로 보면 '약유귀복 若有歸復 재유이심在由異心, 만약 돌아오고 돌아감이 있으면', 즉 '다른 마음이 있기 때문이니'가 생략되었다고 할 수 있습니다.

우리는 남과 그 크기를 비교하고, 그 속도를 비교하고, 그 무게를 비교하고, 그 양을 비교하며 살고 있습니다. 그리고 비교하고 차별된 현상을 좇으며 괴로워합니다. 비교하고 견주는 마음의 근거, 꼬투리, 뿌리, 씨앗만 없애면 어떠한 상황에서도 편안하게 살 수 있습니다.

지 동 무 동
止動無動

동 지 무 지
動止無止

그치면서 움직이면 움직임이 없고
움직이면서 그치면 그침이 없다.

동動과 지止를 통해 우리의 마음 상태를 이야기하고 있습니다.
불교적 논리가 함축적으로 반영된 구절이라 하겠습니다. 그치고
움직임에 치우치지 않는다면 그침과 움직임에 꺼들리지 않는다는
말입니다.

양 기 불 성
兩旣不成

일 하 유 이
一何有爾

두 가지가 이미 이루어지지 않았으니
하나인들 어찌 있을 것인가.

그침과 움직임이라는 상대적인 세계에 매몰되지 않았다는 말입니다. '나는 옳고, 너는 그르다'는 관계가 사라지는 것이지요. 승찬 스님의 경우를 본다면 사대육신이 멀쩡한 사람과 나병으로 다 죽어 가는 삶과의 비교도 여기에 해당됩니다.

비교하고 분별하고 시비하는 마음이 없으니 그치면서 움직이고, 움직이면서 그치는 이치와 같습니다. 둘이면서 둘이 아니고, 하나이면서 하나가 아닌 조화의 세계, 지극한 도의 세계, 자유와 평화의 세계입니다.

구 경 궁 극
究竟窮極

부 존 궤 칙
不存軌則

구경이요, 궁극이라

궤칙을 두지 않는다.

구경의 자리, 더 이상 나아갈 데가 없는 최고의 자리는 고정된 법칙이 없습니다. 궁극의 자리는 '이래야 한다. 저래야 한다'는 입장이 있을 수 없습니다. 『금강경』에서도 '무유정법無有定法', 즉 특별하게 정해진 법이 없다고 했습니다.

78 _ 무비 스님의 삼대 선시 특강

계 심 평 등
契心平等

소 작 구 식
所作俱息

마음이 평등한 데 계합하면
짓는 것이 다 쉬리라.

　우리의 마음은 본래 평등합니다. 진공眞空과 묘유妙有를 조화롭게 갖춘 것이 우리 마음입니다. 마음이 평등하기 때문에 분별하고 시비하고 조작하는 마음이 없습니다. 모든 사물, 존재, 현상을 있는 그대로 볼 수 있습니다. 조작하는 마음이 없기 때문에 세상과 다투지 않게 됩니다. 통광 스님께서 지으신 다음과 같은 게송이 있습니다.

　휴휴만사휴(休休萬事休)
　적적진상로(寂寂眞常路)
　수연무작위(隨緣無作爲)
　처처대안락(處處大安樂)

쉬고 쉬어 온갖 일 쉬어라.
고요하고 고요한 진면목이 드러난다.
인연 따라 할 뿐 생각에 꺼들리지 않으니
가는 곳마다 큰 행복이 있을 뿐이다.

호 의 정 진
狐疑淨盡

정 신 조 직
正信調直

의심하고 의심하는 것이 깨끗이 다하면
바른 믿음이 조화롭고 곧다.

의심이란 마음속의 분별, 시비 등을 말합니다. 이러한 의심은 상대적인 세계에 빠져 있기 때문에 생기는 것입니다. 주객, 선악, 시비, 진망, 유공, 능경, 정추, 미오, 득실, 지동 등 숭찬 스님은 상대적인 세계관에 빠지지 말라고 계속하여 말씀하셨습니다. 이러한 상대적인 입장이 다하면 갈등이 없어지고 각각의 존재가 온전히 살아나는 조화로운 세계, 지극한 도의 세계가 드러날 것이라는 뜻입니다.

일 체 불 류
一切不留

무 가 기 억
無可記憶

일체를 머물러 두지 아니하여
기억할 것이 없다.

일체 만물을 평등하게 보기 때문에 차별상이 없다는 말입니다.
자연에는 큰 나무와 작은 나무가 있고, 봄에 피는 꽃과 여름에 피
는 꽃이 있으며, 여름 과일과 가을 과일이 있습니다. 낮에는 해가
뜨고 밤에는 달빛이 비칩니다. 이러한 자연에 대해 그 누구도 시
비하지 않습니다.

큰 나무와 작은 나무를 가리지 않고, 풀과 꽃을 탓하지 않습
니다. 조화로운 자연에서 생동감과 아름다움을 느낍니다. 부처와
중생, 승과 속, 불법과 세상 법을 차별하지 않는 것도 마찬가지입
니다.

허 명 자 조
虛明自照

불 로 심 력
不勞心力

텅 비어 밝고 스스로 비추어서
마음의 힘을 수고롭게 하지 않는다.

우리 마음이 시비분별로 가득하니 밝지를 못하고, 밝지 못하니 실상의 이치를 비춰 볼 줄 모릅니다. 마음속에 '이것은 나에게 도움이 되고, 저것은 싫고, 이 사람을 만나면 손해이고, 저 사람과 사귀면 이익이고' 등 이해관계로 가득 차 있으니 벌써 그때부터 일이 틀어지기 시작하는 겁니다. 전부 자기 계산을 가지고 있습니다. 특히 정치하는 사람들을 보면 더욱 그렇습니다.

그런데 마음이 텅 비면 밝습니다. 밝으면 저절로 비춰 보게 되어 있습니다. 저절로 비추게 되니 분별하고 갈등하고 계산할 필요가 없습니다. 마음의 힘을 수고롭게 하지 않습니다.

비 사 량 처
非思量處

식 정 난 측
識情難測

사량할 곳이 아니니
식정으로 측량하기 어렵다.

분별하고 망상을 부리며 머리 굴리는 일을 사량量處이라고 합니다. 식정識情 역시 같은 뜻입니다. 마음에 색안경을 쓴 것이 식정입니다. 마음이 텅 비어 일체에 평등한 경지, 지극한 도의 경지, 이상적인 삶은 머리 굴리고 계산해서 이루어지는 자리가 아닙니다.

진 여 법 계
眞如法界

무 타 무 자
無他無自

진여법계에는

타인도 없고 자신도 없다.

　참되고 여여한 법의 자리는 너도 없고 나도 없습니다. 진여법계 眞如法界는 바로 평등한 경지, 지극한 도의 경지, 중도의 삶, 이상적인 삶과 같은 의미입니다. 나와 남을 구별하거니 비교하는 데서 오는 갈등이 없는 경지입니다. 너와 내가 혼연일체가 되는 원융무애한 삶, 각각의 존재는 그 존재 자체로서 자유롭고 평화로우며 조화롭고 행복한 삶을 살게 됩니다.

요 급 상 응
要急相應

유 언 불 이
唯言不二

급히 상응하기를 바란다면
오직 둘이 아니라고 말할 뿐이다.

세상을 바라보는 데에는 천차만별의 입장이 있고, 불이不二인 입장이 있습니다. 불법의 이치를 제대로 알려면 불이의 도리를 터득해야 합니다. 삼라만상 일체 존재가 불이, 즉 둘이 아니라는 입장이 불법을 이해하는 열쇠입니다. 일주문에 들어서자마자 불이문이 나오는 이유가 여기에 있습니다.

불이는 본질과 현상과의 관계로 설명할 수 있습니다. 현상은 차별이지만, 본질에 있어서는 평등하다는 것이 불이의 입장입니다. 남녀가 둘이 아니고, 동서가 둘이 아니고, 남북이 둘이 아니고, 여야가 둘이 아니고 일체가 둘이 아닙니다.

불이에 대해서는 『유마경維摩經』「입불이법문품入不二法門品」의 내용이 가장 유명합니다.

불 이 개 동
不二皆同

무 불 포 용
無不包容

둘이 아니면 다 같아서
포용하지 아니함이 없다.

둘이 아니라는 말은 평등하다는 의미입니다. 큰 것도 아니고 작은 것도 아닙니다. 남자도 아니고 여자도 아니라는 말입니다. 큰 것과 작은 것, 남자와 여자가 각각 평등하여 그 가치와 역할이 있다는 의미입니다.

둘이 아니고 다 같다는 말은, 둘이 아니라고 모두 부정함으로써 궁극적으로는 둘을 다 살려 냅니다. 이것이 포용입니다. 나와 동등한 자격이 있고 동등한 공능이 있으며 동등한 가치가 있기 때문에 모두를 포용합니다.

시 방 지 자
十方智者

개 입 차 종
皆入此宗

시방의 지혜로운 사람은
모두 이 종지에 들어간다.

　이 종지란 둘이 아닌 이치입니다. 둘이면서 둘이 아닌 이치는 조화로운 삶이며, 행복한 삶입니다. 시공을 초월하여 깨달은 사람은 이와 같은 원리 원칙에서 벗어난 경우가 없습니다. 즉, 지혜로운 사람이란 이러한 사실을 바로 아는 사람입니다.

종 비 촉 연
宗非促延

일 념 만 년
一念萬年

종지는 촉박하거나 오랜 것이 아니니
한순간이 만년이로다.

「법성게」에 다음과 같은 구절이 있습니다.

무량원겁즉일념(無量遠劫卽一念)
일념즉시무량겁(一念卽是無量劫)
한량없는 길고 긴 겁이 곧 한순간이고
한순간이 곧 한량없는 세월이다.

불이의 근본 도리는 시간적으로 빠르고 더디다고 할 수 있는 것
이 아닙니다.

무 재 부 재
無在不在

시 방 목 전
十方目前

있고 있지 않음이 없어서
시방이 목전이로다.

또 「법성게」에 다음과 같은 구절이 있습니다.

일미진중함시방(一微塵中含十方)
일체진중역여시(一切塵中亦如是)
한 티끌 작은 속에 세계를 머금었고
낱낱의 티끌마다 세계가 다 들었네.

여기서는 공간적인 측면에서 불이의 근본 도리를 드러내고 있
습니다. 눈앞의 시방세계가 모두 평등하다는 겁니다.

극 소 동 대
極小同大

망 절 경 계
忘絕境界

지극히 작은 것은 큰 것과 같아서

경계가 모두 끊어지고

종지에 관한 이야기가 계속됩니다. 모든 것이 마음의 이치를 밝히고 있습니다. 「법성게」의 구절에서 보았듯이 크고 작은 경계가 없습니다. 지극한 도, 원융무애의 자리를 이야기하고 있습니다.

극 대 동 소
極大同小

불 견 변 표
不見邊表

지극히 큰 것은 작은 것과 같아서
변표를 볼 수 없다.

아주 작은 것이나 매우 큰 것이나 결국은 이치가 같습니다. 이 우주를 예로 들면 몇 천만 광년을 지나도 끝이 없습니다. 팔공산 끝이라 하지만 또 산이 있고, 강이 있고, 길이 이어집니다.

반대로 아주 작은 물질의 끝도 없습니다. 예전에는 물질의 최소 단위를 쿼크quark라고 했습니다. 그런데 과학 기술이 발달하면서 그보다 더 작은 물질의 단위가 지속적으로 발견되고 있습니다. 가히 그 끝을 알 수 없습니다.

불교에서는 일찍이 '인허진隣虛塵', 즉 허공과 없는 것이 거의 같다고 했습니다.

유즉시무
有卽是無

무즉시유
無卽是有

있는 것은 곧 없는 것이요,
없는 것은 곧 있는 것이다.

여기에서는 유무로 종지를 설명하고 있습니다. 『반야심경』에서
'색즉시공色卽是空 공즉시색空卽是色'이라 했습니다. 세상은 연기에
의해 가합으로 존재하기 때문에 그렇습니다. 있음에 없음을 보고,
없음에 있음을 볼 줄 아는 것이 지혜입니다.

약 불 여 차
若不如此

불 필 수 수
不必須守

만약 이와 같지 아니하면
모름지기 지킬 것이 아니다.

　시간의 장단, 공간의 광협, 존재의 유무라는 두 가지 입장은 불교적인 안목이 아니라는 말입니다. 『중론』에서는 팔부중도八不中道를 말하고 있습니다. 불생불멸不生不滅, 불상부단不常不斷, 불일불이不一不異, 불래불출不來不出이라는 서로 대립하는 여덟 가지 그릇된 개념을 연기법으로 타파하고, 분별과 집착을 소멸하여 지혜를 드러나게 가르치고 있습니다.

일 즉 일 체
一卽一切

일 체 즉 일
一切卽一

하나가 곧 일체요,
일체가 곧 하나이다.

    이 구절은 「법성계」의 가르침과 같습니다. 시간적으로 공간적으로 하나가 일체이고 일체가 하나라는 말입니다.

단 능 여 시
但能如是

하 려 불 필
何慮不畢

다만 이와 같이만 되면
어찌 마치지 못함을 염려하겠는가.

　한순간이 한없는 세월이고 한없는 세월이 한순간이며, 큰 것이
작은 것이고 작은 것이 큰 것이며, 하나가 일체이고 일체가 하나
이며, 있는 것이 없는 것이고 없는 것이 있는 것이 바로 중도의 원
리입니다. 이러한 중도의 입장만 분명하다면 굳이 공부를 마치지
못한 것을 걱정할 필요가 없습니다.

신 심 불 이
信心不二

불 이 신 심
不二信心

신심은 둘이 아니며

둘이 아닌 것이 신심이다.

「신심명信心銘」에서의 신심信心은 우리가 흔히 말하는 '기도 열심히 하면 신심이 있는 사람이다'라고 하는 차원의 것이 아닙니다. 믿는다는 것이 무엇입니까? 마음이 믿는 것이고, 마음을 믿는 것입니다. 그러면 신信과 심心이 불이지요. 능과 소, 주와 객이 둘이 아닙니다. 둘이 아니기 때문에 불이가 신심입니다.

언 어 도 단
言語道斷

비 거 래 금
非去來今

언어의 길이 끊어져서
과거 미래 현재가 아니다.

시간성도 끊어지고, 공간성도 끊어지고, 언어言語로 표현할 길
도 끊어졌다는 말입니다. 그냥 그대로 두고 보자는 겁니다. 그래
야 '지도무난至道無難', 즉 지극한 도는 어려움이 없다는 대명제를
이해할 수 있다는 말입니다.

「신심명」은 처음부터 끝까지 중언부언입니다. 표현만 달리할 뿐이지요. 옛날 어떤 왕이 유명한 선사에게 "「신심명」을 해석한 책을 만들어 주십시오."라고 했습니다. 그 선사는 그렇게 하겠다고 말하며 큰 글씨로 '지도무난至道無難 유혐간택唯嫌揀擇 단막증애但莫憎愛 통연명백洞然明白'이라 썼습니다. 그리고 그 밑에 '호리유차毫釐有差 천지현격天地懸隔'을 아주 작은 글씨로 끝까지 써서 주었답니다. 앞의 네 구절이 계속 반복된다는 이야기입니다.

그렇지만 저는 그 한 구절구절에서 출가하기 이전 승찬 스님의 아픈 세월이 늘 눈에 밟힙니다. 그런 역사가 「신심명」을 더욱 확실하게 이해하는 계기가 되었기를 바랍니다.

증도가 특강

영가 진각 대사의 「증도가」에 대하여

　「신심명」, 「증도가」, 「대승찬」은 선가禪家에서는 빼놓을 수 없는 선시입니다. 특히, 한국 선불교에서는 이와 같은 삼대 선시를 매우 익숙히게 외워 자기의 인목을 세우는 데 반드시 지남으로 삼아야 할 선시입니다.

　제가 어릴 때 효봉 스님, 동산 스님 등의 법문을 듣고 매우 감동을 받아서 대부분 적어 두었습니다. 그런데 나중에 보니 그 법문들이 대부분 「신심명」 법문이고, 「증도가」 법문이었습니다. 과거 큰스님들도 법문 때에는 「신심명」과 「증도가」와 같은 선시를 많이 인용하는 것을 보았습니다. 선시는 법문뿐만 아니라 논서와 법어집 편찬 때에도 참 많이 인용합니다.

　「증도가」는 도를 증득한 노래, 즉 '깨달음의 노래'입니다. 따라서 오도송悟道頌과 그 맥을 같이합니다. 영가 스님께서 깨달음을 성취한 내력은 『육조단경』 「참청기연품」에 수록되어 있습니다. 영가 스님 당시는 교학과 율이 성행하던 시기였습니다. 그래서 선도 불립문자不立文字를 표방하는 달마선達磨禪보다 교학을 겸비하는 천태선天台禪이 더 유행했습니다. 영가 스님도 천태지관법문天台止觀法門을 깊이 공부하고, 천태종을 계승할 유망주로 촉망받던 인물이었습니다. 스님이 개원사開元寺에서 지낼 때 우연히 현책玄策 스님이라는 분을 만나게 되는데, 이분이 육조 대사의 제자였습니다. 현책 스님은 영가 스님에게 훌륭한 스승을 찾아 그 깨달음을 확인받으라고 일러 주었습니다. 그래서 영가 스님이 현책 스님과 함께 육조 스님을 찾아뵙게 됩니다. 이렇게 성사된 영가 스님과 육조 스님의 만남은 선종사禪宗史에서 두고두고 회자되는 이야깃거리입니다.

영가 스님은 『유마경』을 보다가 깨달음을 얻었습니다. 육조 스님께는 그 깨달음을 인정받았을 뿐입니다. 영가 스님은 육조 스님 회상에서 참선을 한 적도, 법문을 들은 적도 없었지만 만나자마자 곧장 당신이 깨달은 이치를 드러냈던 것입니다. 그리고 몇 마디 짧은 내화로 그 깨달음을 확증 받았습니다. 이는 선종사에서도 특별한 사례입니다. 그래서 「증도가」가 더욱 돋보이는지도 모르겠습니다.

1. 한도인閒道人

군 불 견
君不見

절 학 무 위 한 도 인
絕學無爲閒道人

부 제 망 상 불 구 진
不除妄想不求眞

무 명 실 성 즉 불 성
無明實性卽佛性

환 화 공 신 즉 법 신
幻化空身卽法身

그대는 알리라.

배울 것도 없고 할 일도 없는 한가한 도인은

망상을 버리지도 않고 진심을 구하지도 않네.

무명의 실제 성품이 그대로 부처님 성품이요,

환영 같은 허망한 육신이 그대로 법신이네.

「신심명」은 지도무난至道無難의 지도至道를 다른 구절 앞에 갖다

붙이면 해석하기가 아주 좋고, 「증도가」는 절학무위한도인絕學無爲
閑道人을 다른 구절 앞에 붙이면 해석이 매우 쉬워집니다. '아, 절
학무위한도인은 이렇게 산다, 이렇게 본다, 이렇게 생각한다'라고
해석하는 하나의 열쇠 역할을 합니다.

　학學은 글로 배우는 것이 아니라 수행하는 사람을 가리킵니다.
수행을 '학'이라고 합니다. '배운다'고 하니 서당에서 글을 배우는
것으로 이해해서는 안 됩니다. 학이라는 것은 수행, 즉 심성을 기
르는 것입니다. 양심養心, 양성養性하는 그 일을 학이라고 합니다.
그런데 절학絕學이라 했습니다. 절학이란, 배운 것이 없다는 말이
아니라 배우고 익혔지만 공부한 상相이 없다는 뜻입니다. 무위無爲
란 조작이 없다는 말입니다. 흔적이 없다는 말이지요. 어떠한 상
도 없고, 조작도 없이 '저절로 그러한' 상태의 삶을 한가한 도인이
라 했습니다.

　우리는 불성과 진여를 찾아야 한다고 배워 왔습니다. 그래서
'불성'은 좋아하고 '무명'은 싫어합니다. 번뇌는 배척하고 깨달음을
찾으려고 합니다. 또 육신은 허물이 많고 법신은 영원하다고 배웠
습니다. 그런데 도인의 입장, 절학무위한도인은 무명과 불성, 육
신과 법신을 나누지 않습니다. 망상이 곧 진심이며 허망하기 이를
데 없는 육신이 곧 영원한 생명이라는 겁니다.

　육조 스님도 이 부분에 대해 말씀하셨습니다. 지난 수십 년 동
안 『열반경』을 공부한 법달 스님이 육조 스님께 물었습니다.

　"육신은 허망하지만, 법신은 상주하는 것이고 영원한 것 아닙
니까?"

그러자 육조 스님께서 호통을 치십니다.

"야, 이 멍청한 놈아! 그러면 육신과 법신을 나눠 놓고 보는 거냐?"

이것이 우리의 상식입니다. 그런데 아닙니다. 법신이 그대로 육신이고, 육신이 법신입니다. 육신을 벗어 놓고, 육신을 빼놓고 달리 법신으로 서커스를 한다든지 기상천외한 쇼를 보이는 사람을 봤습니까? 누가 있었습니까? 없습니다. 번뇌 무명이 그대로 불성임을 알아야 합니다.

캄캄한 곳이 밝은 곳이고, 밝은 곳이 캄캄한 곳입니다. 캄캄한 방에 누가 들어와서는 문을 닫음과 동시에 전깃불을 탁 켰습니다. 그러면 그 방 안이 순식간에 밝아집니다. 그 어둠이 어디로 나갈 순간도 없고, 틈도 없고, 누가 끌고 나가거나 들고 나간 일이 없습니다. 그런데도 캄캄한 방은 한순간 밝음으로 변합니다. 그것은 본래 어둠도 밝음도 없었기 때문입니다.

번뇌 무명도 마찬가지입니다. 있다면 그대로가 밝음입니다. 밝은 자리가 어두운 자리고 어두운 자리가 밝은 자리지요. 번뇌 무명이 불성입니다. 불성 자리가 번뇌 무명입니다.

법 신 각 료 무 일 물
法身覺了無一物

본 원 자 성 천 진 불
本源自性天眞佛

오 음 부 운 공 거 래
五陰浮雲空去來

삼 독 수 포 허 출 몰
三毒水泡虛出沒

법신을 깨닫고 나니 아무것도 없고
모든 존재의 근본 자성이 그대로 천진불이로다.
오음의 육신도 뜬구름이라 부질없이 오가고
삼독의 번뇌도 물거품이라 헛되이 출몰하네.

　오음五陰인 색수상행식色受想行識과 삼독三毒인 탐진치貪瞋癡는 없어지지 않습니다. 견성했다고 해서 탐진치 삼독이 없는 것이 아닙니다.『반야심경』의 '무無 안이비설신의眼耳鼻舌身意 무無 색성향미촉법色聲香味觸法' 등에서 '없다'는 가르침은 방편입니다. 유치원생들을 가르치기 위해 하는 이야기라고요. 그대로 있습니다. 그대로 있는데, 무한 도인에게는 헛되게 출몰하는 것이지요. 자기 마음대로 떴다, 가라앉았다 합니다. 좋은 것을 보면 욕심도 나고, 진심도 나며, 어리석음도 있습니다. 하지만 그 구름은 왔다 가는 겁니다. 그 물거품은 파도가 출렁일 때 삼독의 물거품이 떴다가 파도가 밀려가면 삼독의 물거품이 어디론가 사라져 버립니다.
　이는 도인만 그러는 것이 아니라 모두가 마찬가지입니다. 단지 시간의 문제입니다. 어떤 사람은 오래가고, 어떤 사람은 한순간에 사라집니다.

증 실 상 무 인 법
證實相無人法

찰 나 멸 각 아 비 업
刹那滅却阿鼻業

약 장 망 어 광 중 생
若將妄語誑衆生

자 초 발 설 진 사 겁
自招拔舌塵沙劫

실상을 증득하니 나와 남의 분별이 없어지고
찰나 사이에 무간지옥의 업이 사라지네.
만약 거짓말로 중생을 속이는 것이라면
영원히 발설지옥에서 사는 업보를 자초하리라.

　실상을 증득하니 상대적인 견해가 없어지고, 상대적인 세계관
이 없으니 지옥에 가도 지옥이 아니며 천상에 가도 천상이 아닙
니다. 황금으로 지은 집에 있어도 그것이 황금으로 보이지가 않습
니다. 또 거적때기를 덮고 논두렁을 베고 자도 그것이 마음에 거
리낌이 없습니다. 아무런 분별이 없기 때문입니다.

영가 스님은 이것이 거짓말이면 발설지옥에 가겠다고 확신에
찬 말씀을 하십니다. 그러니 여러분은 '무명실성無明實性이 즉불성
卽佛性이요, 환화공신幻化空身이 즉법신卽法身이라'는 이 한마디를
무턱대고 믿으세요. 비록 지금 당장 잘 이해되지 않아도 외우고
다니세요. 영가 스님이 책임지니까 그래도 됩니다.

돈 각 료 여 래 선
頓覺了如來禪

육 도 만 행 체 중 원
六度萬行體中圓

몽 리 명 명 유 육 취
夢裏明明有六趣

교 후 공 공 무 대 천
覺後空空無大千

여래선의 높은 경지를 순식간에 깨달으니
육도만행을 닦아 얻어지는 공덕이 마음 안에 다 있네.
꿈속에서는 분명하고 분명하게 육취가 있으나
꿈을 깨고 나면 텅텅 비어 온 세상이 하나도 없네.

여기에서 말하는 여래선如來禪은 '여래선, 조사선'이라 할 때의

그 여래선이 아닙니다. 부처님이 터득하신 궁극의 경지, 최상선最
上禪을 말합니다. 깨닫고 나니 육도만행六度萬行이 내 자신 속에 원
만히 이루어져 있더라는 겁니다. 지금까지 보시·지계·인욕·정
진·선정·지혜를 우리가 수행해야 할 최상의 덕목이라고 끊임없
이 강조해 왔습니다. 하지만 그런 차원과는 다릅니다.

　육취六趣는 지옥·아귀·축생·수라·인간·천상의 세계를 말
합니다. 꿈속의 세계는 미혹과 분별 망상의 온갖 갈래의 삶을 말
합니다. 꿈속에서는 돈을 많이 얻었다든지 벼슬이 높아졌다든지
아프던 병이 나았다든지 등 수많은 삶이 있습니다. 그런데 그 꿈
을 깨고 나면 아무것도 없어요. 깨닫고 나면, 즉 상대 분별의 세계
를 벗어나면 중생이니 부처니, 성인이니 범부니, 무명이니 법성이
니 하는 것이 없다는 말입니다.

무 죄 복 무 손 익
無罪福無損益

적 멸 성 중 막 문 멱
寂滅性中莫問覓

비 래 진 경 미 증 마
比來塵鏡未曾磨

금 일 분 명 수 부 석
今日分明須剖析

죄도 없고 복도 없고, 손해도 없고 이익도 없으니
적멸한 성품 가운데서 아무것도 찾지 말라.
예전에는 때 묻은 거울을 미처 닦지 못했었는데
오늘에는 분명하게 거울을 쪼개어 버렸네.

　이것이 바로 선불교의 안목입니다. 체중원體中圓과 적멸성寂滅性 등은 선불교를 직접적으로 표현한 말입니다.

　'거울을 쪼개어 버렸다'는 말은 깨달았다, 환하게 해결했다는 뜻입니다. 영가 스님도 과거에는 이런 차원의 삶을 살지 못했지요. 깨닫기 전에는 마음이라는 거울이 있고 거기에 때가 잔뜩 끼었다고 생각했다는 겁니다. 그 때를 닦지도 못했는데 오늘은 그 거울마저 쪼개 버렸다는 것이지요. 이는 육조 스님의 견해와 한 치의 차이도 없습니다. 육조 스님의 세송은 다음과 같습니다.

　보리본무수(菩提本無樹)
　명경역비대(明鏡亦非臺)
　본래무일물(本來無一物)
　하처야진애(何處惹塵埃)
　보리라는 나무는 본래 없고
　밝은 거울 역시 틀이 아니네.
　본래 한 물건도 없는데

어디에 때가 끼리오.

수 무 념 수 무 생
誰無念誰無生

약 실 무 생 무 불 생
若實無生無不生

환 취 기 관 목 인 문
喚取機關木人問

구 불 시 공 조 만 성
求佛施功早晚成

누가 무념이라 하고 누가 무생멸이라 했던가.
만약 진실로 생멸이 없다면 생멸하지 않음도 없네.
나무로 만든 허수아비 사람에게 물어보아라.
성불하기 위해서 공덕을 베푼들 언제 이루겠는가.

　　영가 스님은 기존의 통념을 정면으로 부정합니다. 우리는 번뇌
를 제거하고 무념의 상태에 이르러야, 생사의 윤회를 초월해야 깨
달음이라 생각하고 있습니다. 그러나 영가 스님은 세상을 바꿀 게
아니라 보는 눈을 바꾸라고 합니다. 생멸 속에서 불생불멸을 보라
는 겁니다. 그 자체가 진리의 세계, 궁극의 경지라고 말합니다.

우리는 끊임없이 생멸하면서 또 어느 한 면은 생멸하지 않습니다. 공인空忍이라고 했듯이 그 생멸하지 않는 입장은 보이지 않습니다. 그렇듯 생멸이 없는 도리는 보이지 않지만 확연히 있는 겁니다.

따라서 영가 스님은 부처가 되는 것은 공을 베풀어서 되는 것이 아니라고 말합니다. 본래 부처에 눈을 떠야지, 무슨 참선을 해서 부처가 되는 것도 아니고 기도를 해서 부처가 되는 것도 아니고 경을 봐서 부처되는 것도 아니라는 겁니다.

2. 대원각大圓覺

방 사 대 막 파 착
放四大莫把捉

적 멸 성 중 수 음 탁
寂滅性中隨飮啄

제 행 무 상 일 체 공
諸行無常一切空

즉 시 여 래 대 원 각
卽是如來大圓覺

사대를 놓아 버려 붙들고 있지 말고
적멸한 성품 가운데서 인연 따라 먹고 마시라.
제행이 무상하여 일체가 공한 것이
그것이 곧 여래의 크고 원만한 깨달음이니라.

「신심명」에도 같은 가르침이 있었습니다. '몽환공화夢幻空華 하
로파착何勞把捉', 꿈이요, 환이요, 헛꽃인 것을 어찌하여 수고롭게
잡으려는가?

영가 스님께서는 오래 살지 못했습니다. 설사 오래 산다 한들

얼마나 차이가 있겠습니까. 도 닦는 사람으로서 사대四大에 연연해 할 일이 아니라는 말입니다. 앞서 말씀드렸듯이 불법은 적멸성寂滅性이라는 명제를 빼 버리면 생명이 없어집니다. 적멸성을 자성이라고도 할 수 있고 불성이라고도 할 수 있습니다. 적멸한 성품이란, 마치 세찬 바람이 불어서 물결이 요란하게 치지만 물 자체는 조금의 변함도 없는 것과 같습니다. 우리는 탐진치 삼독과 팔만사천 번뇌를 일으키고 시시비비하지만 본성에 있어서는 아무런 변함이 없다는 말입니다. 그러니 사대에 집착하지 말고, 먹고 마시는 우리의 본성자리를 잘 지키며 생활하라는 의미가 되겠습니다.

해인사 장경각에는 팔만대장경을 대표하는 구절이 주련으로 써걸려 있습니다. '원각도량圓覺道場이 하처何處요 현금생사現今生死가 즉시卽是다'입니다. 부처님께서 원만하게 깨달으신 그 장소가 도대체 어디냐는 것이지요. 그곳은 바로 이렇게 출렁거리는 생사, 우여곡절, 시시비비의 삶 속에 원각도량圓覺道場이 있다는 말입니다. 이와 같은 구절은 매우 의미심장하고, 우리가 항상 음미해 볼 만한 좋은 가르침이라고 할 수 있습니다.

결정설표진승
決定說表眞乘

유 인 불 긍 임 정 징
有人不肯任情徵

직 절 근 원 불 소 인
直截根源佛所印

적 엽 심 지 아 불 능
摘葉尋枝我不能

분명하고 확실한 가르침과 진실을 나타낸 법을
수긍하지 않는 사람이 있다면 마음껏 물어보라.
근원을 바로 깨달은 것은 부처님이 인가한 바요,
잎을 따고 가지를 찾는 일은 나는 능하지 못함이로다.

　영가 스님의 확신에 찬 말씀입니다. 스님께서 근본 취지를 터득한 것은 부처님도 인가한 바라고 하였습니다. 그 얼마나 당당한 말씀입니까. 그리고 근원을 바로 깨달았지 방편과 차례와 같은 지엽적인 불교는 관심도 없고 모른다고 했습니다. 설사 글을 잘 못새기면 어떻고, 글자를 좀 모르면 어떻고, 법수 좀 못 외우면 어떠냐는 것이지요. 그것은 다 지엽적인 소리고 근본 종지만 제대로 거량할 수 있으면 최고라는 말입니다.

마 니 주 인 불 식
摩尼珠人不識

여 래 장 리 친 수 득
如來藏裡親收得

육 반 신 용 공 불 공
六般神用空不空

일 과 원 광 색 비 색
一顆圓光色非色

여의주를 사람들이 알지 못하니
여래의 창고 속에 친히 감추어 두었도다.
여섯 가지 신통묘용은 공하면서 공하지 아니하고
한 덩어리의 둥근 광명은 빛이면서 빛이 아니로다.

　마니주摩尼珠는 우리 심성, 일심자리를 말합니다. 영가 스님 자신은 이미 스스로 자성을 깨달아서 하나의 보배 구슬로써 활용하고 있는데, 다른 사람은 모른다는 말입니다.

　눈으로 보고, 귀로 듣고, 몸으로 움직이고, 감촉하고, 코로 냄새 맡는 여섯 가지의 작용이 바로 여래의 창고에 감춰 둔 신통묘용입니다.

　이것은 어찌 보면 텅 비어 공한 겁니다. 공한 것이면서 또한 공하지 아니한 도리가 있습니다. 또한 일심의 자리는 색이지만 색이 아닙니다. 우리의 마음은 너무나도 뚜렷하여 마치 사물 같지만 그

렇다고 사물은 아닙니다. 그런데 작용은 제일 크게 합니다. 말 그
대로 진공眞空이면서 묘유妙有입니다.

정 오 안 득 오 력
淨五眼得五力

유 증 내 지 난 가 측
唯證乃知難可測

경 리 간 형 견 불 난
鏡裡看形見不難

수 중 착 월 쟁 염 득
水中捉月爭拈得

다섯 가지 눈을 갖추고 다섯 가지 힘을 얻는 것은
오직 증득해야 알 바요, 헤아리기 어려움이라.
거울 속의 형상이야 보기 어렵지 않겠지만
물속의 달을 잡으려 한들 어찌 건질 수 있겠는가.

　　영가 스님은 신통묘용의 불가사의한 능력으로 오안五眼과 오력
五力을 이야기하고 있습니다. 물론 이 외에도 수많은 능력이 있겠
지요.『금강경』에서는 오안五眼을 육안肉眼·천안天眼·혜안慧眼·
법안法眼·불안佛眼으로 이야기하고 있습니다. 오력五力은 신력信力·

정진력精進力 · 염력念力 · 정력定力 · 혜력慧力을 말합니다. 깨달음을 얻은 사람이 갖고 있는 힘입니다. 그런데 이것은 증득한 사람만 알 뿐이지 가히 측량하기 어렵다고 했습니다. 의상 대사의 「법성게」에서도 '증지소지비여경證智所知非餘境', 증득한 사람이 알 바이지 다른 사람의 경계는 아니라고 했습니다. 모든 분야가 마찬가지입니다. 작은 능력이라도 어떤 경지는 그 지위에 이른 사람만 알뿐 다른 사람은 모릅니다.

그런데 그 공능인 우리의 마음은 거울처럼 확연히 비추지만 그것은 물속의 달그림자처럼 허망한 인연의 그림자일 뿐입니다. 비단 번뇌 망상만이 인연의 그림자가 아니라 깨달음의 성품도 마찬가지입니다. 물속에 비친 달을 건져 낼 수 없듯이 해탈이나 열반도 실체가 없기는 마찬가지라는 말입니다.

상 독 행 상 독 보
常獨行常獨步

달 자 동 유 열 반 로
達者同遊涅槃路

조 고 신 청 풍 자 고
調古神淸風自高

모 췌 골 강 인 불 고
貌悴骨剛人不顧

나는 항상 홀로 다니고 항상 홀로 걷지만
통달한 사람끼리 열반의 길에서 함께 노닌다.
곡조가 예스럽고 기운이 맑아 그 기풍 절로 높지만
얼굴이 초췌하고 뼈가 앙상해 사람들 돌아보지 않네.

이 구절은 영가 스님 스스로에 대한 생각을 표현하고 있습니다. 앞서 이야기했지만 당시는 천태종 계열이 득세했고, 더욱이 스님은 천태종 계열에서 전향한 입장입니다. 천태종에서 수학할 당시만 해도 도반들이 얼마나 많았겠습니까. 그런데 이제는 홀로 간다는 겁니다. 세상 모든 사람이 걷는 길이라 해도 그 길이 진실이 아니라면 혼자라도 가겠다는 것이지요. 그 길이란, 욕망과 집착으로부터 벗어난 열반의 길, 해탈의 길, 깨달음의 길이라 할 수 있습니다.

그러하니 스스로는 얼마나 자긍심이 높겠습니까. 오직 깨달음에만 그 뜻이 닿아 있습니다. 하지만 세상 사람은 무상한 빛과 소리에만 눈과 귀가 팔려 허망에 사로잡혀 살기 때문에 맑고 깨끗한 기백과 풍모를 몰라봅니다.

3. 무가진無價珍

궁 석 자 구 칭 빈
窮釋子口稱貧

실 시 신 빈 도 불 빈
實是身貧道不貧

빈 즉 신 상 피 루 갈
貧則身常被縷褐

도 즉 심 장 무 가 진
道則心藏無價珍

궁색한 부처님의 제자들은 입으로는 가난하다고 하지만
실은 이 몸이 가난하지 도가 가난한 것은 아닐세.
가난한 면으로는 몸에 항상 누더기를 입었고
도의 입장으로는 마음에 무가보를 지니고 있네.

저는 출가 초기 이 구절을 읽고는 참으로 마음이 넉넉해지는 것
을 느꼈습니다. 출가 사문의 외로움과 세속적인 가치를 누리지 못
하는 것을 이 한 구절로 다 보상을 받는다고 생각했습니다.

몸은 얼마든지 가난해도 상관없습니다. 가난할수록 청빈한 것

을 자랑하고 무소유를 자랑하잖아요. 그런데 도가 가난하면 안 되지요. 비록 겉은 누더기 차림이라도 그 속은 온갖 지혜와 자비가 넘쳐 나야 합니다. 수행자가 자랑해야 할 것은 도덕과 지혜이지, 넘쳐 나는 의식주와 사치품이 아닙니다. 수행자가 부끄러워해야 할 것은 게으름과 무지이지 가난과 외로움이 아닙니다. 수행자가 좇아야 할 가치는 부귀와 영화가 아니라 이웃과 함께하고자 하는 마음입니다. 원효 스님께서 지으신 「발심수행장發心修行章」에 보면 이런 구절이 있습니다.

이심중애 시명사문(離心中愛 是名沙門)
불연세속 시명출가(不戀世俗 是名出家)
마음 가운데 애착을 떠나는 것을 사문이라 하고
세속을 그리워하지 않는 그것을 출가라 한다.

무 가 진 무 용 진
無價珍用無盡

이 물 응 기 종 불 린
利物應機終不悋

삼 신 사 지 체 중 원
三身四智體中圓

팔 해 육 통 심 지 인
八解六通心地印

그 무가보를 아무리 써도 다 쓸 수 없으니
사람들을 이롭게 하고 근기를 따라 베푸는 일에 끝내 아끼지 않네.
삼신과 사지가 내 마음 가운데 원만히 갖춰져 있고
팔해탈과 육신통도 본래 마음 땅에 모두 있었네.

하물며 지식도 어떤 경지를 터득하면, 그것을 글로 쓰고 말로 표현해야 오히려 더 빛납니다. 그런데 깨달은 도야 더 말할 나위가 없는 것이지요. 중생을 이롭게 하고 시대에 응해 맞추어 마음껏 나눠 줘도 남는 도리입니다.

그것은 삼신三身, 즉 법신法身 · 보신報身 · 화신化身과 네 가지 지혜, 즉 대원경지大圓鏡智 · 평등성지平等性智 · 묘관찰지妙觀察智 · 성소작지成所作智를 원만히 갖추었다는 것이고, 오욕의 탐착심에서 벗어나게 하는 여덟 가지 관법을 일컫는 팔해탈八解脫과 육신통六神通, 즉 신족통神足通 · 천안통天眼通 · 천이통天耳通 · 타심통他心通 · 숙명통宿命通 · 누진통漏盡通을 내 마음속에 다 갖추었다는 말입니다.

상 사 일 결 일 체 요
上士一決一切了

중 하 다 문 다 불 신
中下多聞多不信

단 자 회 중 해 구 의
但自懷中解垢衣

수 능 향 외 과 정 진
誰能向外誇精進

상근기는 하나를 해결해 일체를 다 마치지만

중근기와 하근기는 그렇게 많이 들어도 믿지를 않네.

다만 스스로 마음 가운데서 때 묻은 옷을 벗어 버릴지언정

누가 능히 밖을 향해서 자신의 정진을 자랑할 것인가.

근기가 뛰어난 상근기는 한 번 해결하면 일체를 다 해결합니다. 그런데 중근기와 하근기는 아무리 많이 듣고 많이 보아도 소신이 생기지가 않지요.

그러나 어쩌겠습니까. 열심히 하는 것만이 우리가 할 일입니다. 다만, 자신의 정진을 자랑할 일은 아니지요. 자기 스스로 번뇌 망상을 다 떨쳐 버리고, 구태의연한 사고思考를 다 덜어 내도록 해야 합니다.

영가 스님은 교학을 중시하던 천태종에서 매우 촉망받는 인물로 있다가 선종의 육조 대사에게 깨달음을 인정받았습니다. 그래서 영가 스님을 이해해 주는 사람이 더욱 없었습니다. 노자老子의 『도덕경道德經』에 이런 말씀이 있습니다.

상사문도 근능행지(上士聞道 勤能行之)

중사문도 약존약망(中士聞道 若存若亡)

하사문도 대소지(下士聞道 大笑之)

불소 부족이위도(不笑 不足以爲道)

훌륭한 선비는 도를 들으면 열심히 실천하고

보통 선비는 도를 들으면 반신반의하고

못난 선비는 도를 들으면 크게 비웃나니

못난 선비가 비웃지 않는다면 도라 하기에 부족하다.

종 타 방 임 타 비
從他謗任他非

파 화 소 천 도 자 피
把火燒天徒自疲

아 문 흡 사 음 감 로
我聞恰似飮甘露

소 융 돈 입 부 사 의
銷融頓入不思議

사람들이 비방하고 헐뜯게 내버려 두어라.

불로 하늘을 태우려는 짓이라 스스로 피로할 뿐이로다.

나는 비방하는 말을 들으니 흡사 감로수를 마시는 것과 같아

깡그리 녹아서 불가사의한 경계로 몰록 들어가는구나.

　사람들이 나를 비방하든 그르다고 하든 잘못됐다고 하든, 외도
라 하더라도 그냥 내버려 두라는 겁니다. 그것은 결국 그 사람들
만 스스로 피곤할 뿐입니다. 사실 이와 같은 내용을 이렇게 글로
남겼을 때는 영가 스님 본인이 그와 같은 비방을 많이 들었다는
이야기이기도 합니다. 절에서의 생활이 그랬고, 또 천태종에서 선
종으로 넘어오면서 평생 비난을 들으면서 살았습니다. 그러나 육
조 스님의 열 손가락 안에 드는 굴지의 제자로서 선종사에서 길이
빛나는 분으로 남았습니다.

　아함경 등 초기 경전에도 비난의 문제에 대해서 부처님께서는
여러 차례 말씀을 하십니다. 사람들의 비난에 대해 소화를 잘하는
것이야말로 세상을 살아가는 데 매우 중요한 능력입니다. 내가 잘
못해서 비난을 들으면 잘못해서 당연히 비난을 들으니까 아무런
문제가 아니고, 또 아무 잘못도 없는데 비난을 들었다면 비난하든
말든 그것은 나하고 관계없는 것이라고 여기면 됩니다. 평소에는
이렇게 계산하고 있더라도 정작 맞닥뜨리면 안 되지요. 그것은 아
직 그 뜻이 소화가 안 되었다는 증거입니다.

관 악 언 시 공 덕
觀惡言是功德

차 즉 성 오 선 지 식
此則成吾善知識

불 인 산 방 기 원 친
不因訕謗起怨親

하 표 무 생 자 인 력
何表無生慈忍力

악한 말을 가만히 살펴보니 이것이야말로 공덕이라.
이렇게 되면 악한 말을 하는 이가 곧 나의 선지식이로다.
비방으로 인해 원수와 친한 마음을 일으키는 일이 아니면
생사를 초월한 자비와 인욕의 힘을 어찌 나타낼 수 있으랴.

  나를 악하다고 하는 말을 오히려 공덕으로 관찰하는 겁니다.
'그래 고맙다. 내 업장이 소멸되니 정말 고맙다'고 여기는 겁니다.
  나에게 무슨 선지식이 또 있겠는가? '나를 비난하는 사람이 나
에게 큰 선지식이다'라고 했습니다. 부처님도 같은 말씀을 하셨습
니다. "나를 비난하는 것은 마치 입에다 피를 물고 나를 향해 뿌리
는 것과 같다." 또 "먼지를 한 주먹 잡고 바람을 향해서 날리는 것
과 같다."고 하셨지요.
  나를 아무리 비방해도 원수라는 생각을 일으키지 않는 것으로
나의 도력과 공부의 됨됨이로 삼는다는 겁니다. 그런 비방의 말

을 어느 정도 소화하는가를 가늠해 볼 수 있어서 참 좋다는 말입니다. 우리가 일상생활에서 활용할 수 있으면 큰 소득이지요. 『명심보감』에 다음과 같은 말씀이 있습니다.

> 도오선자 시오적(道吾善者 是吾賊)
> 도오악자 시오사(道吾惡者 是吾師)
> 나를 잘났다고 말해 주는 사람은 바로 나의 적이고
> 나를 못났다고 말해 주는 사람이 바로 나의 스승이다.

종 역 통 설 역 통
宗亦通說亦通

정 혜 원 명 불 체 공
定慧圓明不滯空

비 단 아 금 독 달 요
非但我今獨達了

항 사 제 불 체 개 동
恒沙諸佛體皆同

근본 종지도 통달하고 설법도 또한 통달하여
선정과 지혜가 원만하고 밝아서 공에 막히지 않도다.
비단 나만 지금 홀로 통달해서 마친 것이 아니요,

항하의 모래 수와 같은 모든 깨달은 이들의 마음이 다 같도다.

불법佛法에 대해 이야기하는 사람은 많습니다. 그런데 그 종지를 아는 사람은 많지 않고, 또 종지를 알되 그 뜻을 제대로 이해시키는 능력을 가진 사람은 더욱 드뭅니다.

영가 스님은 육조 스님으로부터 깨달음을 인가받고 '나의 깨달음이나 부처님의 깨달음이나 똑같다'고 했습니다. 이렇게 자기 공부를 자신만만하게 표현할 수 있다는 점만 보아도 영가 스님은 육조 스님으로부터 인가를 받을 만한 분이었다는 것을 알 수 있습니다.

사 자 후 무 외 설
獅子吼無畏說

백 수 문 지 개 뇌 열
百獸聞之皆腦裂

향 상 분 파 실 각 위
香象奔波失却威

천 룡 적 청 생 흔 열
天龍寂聽生欣悅

사자후와 같은 두려움 없는 설법이여,

백 가지 짐승들은 그 소리를 듣고 모두 뇌가 찢어지고
코끼리는 위엄을 잃고 분주히 달아나며
천신들과 용들은 가만히 듣고 법회선열에 충만하네.

'사자일후獅子一吼 백수사식격百獸死息格'이라는 말이 있습니다.
사자가 한 번 소리를 지르면 뭇 짐승들은 놀라서 숨소리조차 제대
로 낼 수 없다는 말입니다. 깨달음의 말씀은 마치 사자후와 같다
고 했습니다. 깨달음을 성취해 진리에 입각한 말들은 그 무엇도
두려워할 것이 없다는 뜻입니다.

사자후란, 영가 스님께서 깨달음을 노래한 「증도가」입니다. 이
「증도가」를 듣는 대상을 빗대어 말씀하셨습니다. 즉, 하근기는 백
수百獸, 중근기는 향상香象, 그다음 당신과 도가 같은 상근기의 부
류를 천룡天龍으로 표현하였습니다. 상근기라야 당신의 깨달음의
노래를 듣고 그 도에 부합하여 기뻐한다는 말입니다.

4. 선禪

유 강 해 섭 산 천
遊江海涉山川

심 사 방 도 위 참 선
尋師訪道爲參禪

자 종 인 득 조 계 로
自從認得曹溪路

요 지 생 사 불 상 관
了知生死不相關

강과 바다를 건너 온 산천을 두루 다니면서
스승을 찾고 도를 물어 참선에 열중하다가
조계의 길에서 인가를 받음으로부터
생사가 나와 관계없다는 사실을 깨달아 알았도다.

  영가 스님은 육조 스님을 만나기 전까지 수많은 스승을 찾고,
불도를 묻고, 행각을 하면서 여러 학문을 섭렵했습니다. 그런데
결국 '갱의更衣', 즉 종파를 선종으로 바꾸게 됩니다. 육조 스님과
의 법거량 장면은 참으로 대단합니다. 조계의 길을 인득認得함으

로부터, 영가 스님 스스로 육조 스님을 친견함으로부터 생사 해탈을 했다는 사실을 확실히 알게 되었다는 말입니다.

행 역 선 좌 역 선
行亦禪坐亦禪

어 묵 동 정 체 안 연
語默動靜體安然

종 우 봉 도 상 탄 탄
縱遇鋒刀常坦坦

가 요 독 약 야 한 한
假饒毒藥也閑閑

아 사 득 견 연 등 불
我師得見燃燈佛

다 겁 증 위 인 욕 선
多劫曾爲忍辱仙

걸어 다녀도 참선이요, 앉아 있어도 참선이니
말하건 침묵하건 움직이건 고요하건 마음은 부동이라.
비록 창과 칼을 만난다 하더라도 항상 태연하며
가령 독약을 먹더라도 또한 동요 없이 편안하도다.
우리 스승 석가모니도 연등 부처님을 친견하고

수많은 세월 동안 인욕선인이 되었었네.

행주좌와行住坐臥, 즉 일상생활에서 참선 아닌 게 없기 때문에 '어묵동정語默動靜', 즉 영가 스님의 삶 전체가 편안해졌다는 말입니다.

다음은 중국의 승조 스님과 달마 스님을 통해 자신도 역시 그러함을 표현하고 있습니다. 달마 스님은 여섯 번이나 독약을 마셨다는 이야기가 있습니다. 또 구마라집의 제자 승조 스님은 중국 요진 시대에 왕명을 어긴 죄로 형장의 이슬로 사라지면서 아래와 같은 게송을 남깁니다.

사대원무주(四大元無主)
오온본래공(五蘊本來空)
장두임백인(將頭臨白刃)
유여참춘풍(猶如斬春風)
사대는 원래 주인이 없고
오온도 본래 공한 것
머리를 칼날 앞에 들이대니
봄바람을 베는 것과 같구나.

일반인의 경우 비록 거짓말이라도 이와 같은 말을 할 수가 없습니다. 도가 높지 아니하면, 깨달음의 경지를 터득하지 아니하면 죽음을 앞두고 그런 말이 나올 수가 없습니다. 평범한 사람들은 혼비백산합니다. 승조 스님은 나, 내 몸, 내 생명이라는 잘못된 견해와 집착이 완전히 떨어졌기 때문에 칼로 봄바람을 베는 것처럼 여길 수 있었던 것입니다.

영가 스님은 당시 대중 생활, 수행 가풍 등으로 수많은 비방과 고초를 겪었던 것으로 보입니다. 하지만 비방과 고초를 선지식으로 삼았다고 토로하며, 그러한 과정은 비단 당신뿐만 아니라 부처님도 마찬가지였다고 합니다.

기 회 생 기 회 사
幾回生幾回死

생 사 유 유 무 정 지
生死悠悠無定止

자 종 돈 오 요 무 생
自從頓悟了無生

어 제 영 욕 하 우 희
於諸榮辱何憂喜

몇 번이나 태어나고 몇 번이나 죽었던가.
태어나 죽고 또 태어나는 일이 멈추지 않네.
몰록 깨달아 생사가 없는 이치를 알고부터는
온갖 영광과 오욕에 무슨 근심이 있고 무슨 기쁨이 있겠는가.

불생불멸不生不滅에 대해서는 선가禪家뿐만 아니라 대승불교에서는 더욱 말할 나위 없습니다. 대승불교에서도 과거생 이야기, 과거 부처님 이야기, 미래 부처님 이야기가 무수히 많습니다. 비단 마음만이 아닙니다. 육신도 마찬가지입니다. 육신도 불생불멸이고 마음도 불생불멸입니다.

『반야심경』에서도 불생불멸을 이야기하고 있지만, 『법화경』에서도 '세간상世間相이 상주常住다'고 했습니다. 즉, 눈에 보이는 현상이 불생불멸한다는 의미입니다. 『화엄경』도 마찬가지입니다. '일체법불생一切法不生 일체법불멸一切法不滅 약능여시해若能如是解 제불상현전諸佛常現前', '모든 것이 불생불멸이다. 불생불멸의 이치를 알면 바로 모든 부처님이 항상 앞에 나타난다'는 말입니다. 부처님이 앞에 나타난다는 것이 무엇입니까? 자기가 이미 부처의 경지에 이르렀다는 소식이지요.

따라서 불교를 아는 사람은 자살을 할 수가 없습니다. 자살을 해서 금생을 끝낸다고 해도 끝나는 것이 아니니까요. 생과 사는 유유히 흐르고 흘러서 정지하지 않으니까요. 불자라면 이에 대한 확신을 갖고 살아야 합니다. '사람은 영원히 산다. 다만 계절 따라 옷을 바꿔 입듯이 형태와 얼굴만 바꿔갈 뿐이다'라는 점을 분명히 이해해야 합니다.

불생불멸의 도리를 깨달았는데 영광과 오욕이 더 이상 무슨 상관이냐는 것이지요. 훌륭하든 못났든 그것은 나의 삶과는 아무런 상관이 없습니다.

왕이 비록 거지 옷을 입고 거지 취급을 당한들 왕의 지위가 상

실되는 것이 아닙니다. 오히려 왕은 그 상황이 재미있게 느껴질 뿐이지요. 불생불멸의 이치를 터득하고 나면 마치 그와 같아서 아무것도 문제 될 일이 없다는 말입니다.

입 심 산 주 란 야
入深山住蘭若

잠 음 유 수 장 송 하
岑崟幽邃長松下

우 유 정 좌 야 승 가
優遊靜坐野僧家

격 적 한 거 실 소 쇄
闃寂閑居實蕭灑

깊은 산에 들어가 적정한 곳에서 사니
산은 높고 골짜기는 깊어 낙락장송 숲속이로다.
한가롭고 편안하게 야승의 움막에 조용히 앉아
호젓하고 쓸쓸하게 한가로이 사니 맑고 깨끗하기 이를 데 없다.

출가자라면 절에서 대중과 함께 살며 수행하는 것이 일반적입니다. 그런데 야승가野僧家 등의 표현을 보면 영가 스님은 어머니를 모시고 조그마한 초가에서 살았음을 짐작할 수 있습니다.

전남 담양에 소쇄원蕭灑園이란 곳이 있습니다. 소쇄란 세속적인 티가 없고 시끄러움도 없이 깨끗하고 상큼한 환경, 그와 같은 정신을 말합니다. 영가 스님은 자기 삶의 상황을 이렇게 표현했습니다.

5. 하소위하소위何所爲

각 즉 요 불 시 공
覺卽了不施功

일 체 유 위 법 부 동
一切有爲法不同

주 상 보 시 생 천 복
住相布施生天福

유 여 앙 전 사 허 공
猶如仰箭射虛空

깨달으면 곧 다 끝나고 더 이상의 노력을 베풀지 않는다.

일체 유위의 법은 모두가 다 차별되고 다르니라.

상에 집착하여 베푸는 것은 천상에 태어나는 복은 되지만

마치 하늘을 향해 화살을 쏘는 것과 같다네.

'구불시공조만성求佛施功早晚成'과 같은 의미입니다. '부처가 되기 위해서 공을 베푼들 언제 이루겠는가?'라고 했습니다. 깨닫고자 하는 온갖 노력이라 할 수 있는 참선, 기도, 육도만행 등이 소위 '일체유위법一切有爲法'이라 할 수 있습니다. 최근에 유행하는 남방

불교나 북방불교도 마찬가지입니다.

그런데 이와 같이 깨달아야겠다고 상을 내어 베푸는 노력을 이다음 구절에서 '세력진전환추勢力盡箭換墜', 즉 '세력이 다하면 화살이 다시 떨어진다'라고 비유하고 있습니다. 또 '복진타락福盡墮落'이라는 말도 있습니다. 복이 다하면 고통 속으로 떨어진다는 뜻입니다. 갖가지 수행과 공력이 실상을 깨닫기 위한 방편인 줄 알아야 합니다. 수행 방편을 절대적 진리라 여기는 순간 무위의 선열을 즐길 수 없습니다.

세 력 진 전 환 추
勢力盡箭還墜

초 득 래 생 불 여 의
招得來生不如意

쟁 사 무 위 실 상 문
爭似無爲實相門

일 초 직 입 여 래 지
一超直入如來地

올라가는 힘이 다하면 화살은 도리어 떨어지니
오는 세상에 뜻과 같지 못함을 초래하게 되리라.
어찌 아무런 작위가 없는 실상의 도리에서

한 번 뛰어 여래의 경지에 들어가는 것만 하겠는가.

천상의 신들은 다음 생에 반드시 지옥에 떨어진다는 말이 있습니다. 긴 세월 복을 쓰기만 했지 쌓지 않은 까닭입니다. 더 이상 공덕을 짓지 않으면 언젠가는 바닥이 드러나게 되어 있습니다. 그래서 선가에는 '유루의 복덕은 삼생의 원수다'라는 말이 있습니다. 그렇기 때문에 유루의 복락이 아닌 무루의 복락을 누려야 합니다. 무루의 복락은 조작이 없는 실상의 도리를 깨닫는 데 있습니다. 무위의 복락은 생성, 변화, 소멸이 없습니다. 무위의 세계는 현실과는 다른 어떤 특별한 세계가 아닙니다. 눈앞의 현실인 번뇌 망상의 세계를 여의지 않고 그 실상을 바로 깨달은 평등한 세계를 말합니다. 실상을 깨달은 평등한 무위의 세계에서 행하는 일체는 무주상이 됩니다. 따라서 그 복락은 영원합니다.

단 득 본 막 수 말
但得本莫愁末

여 정 유 리 함 보 월
如淨琉璃含寶月

아 금 해 차 여 의 주
我今解此如意珠

자 리 이 타 종 불 갈
自利利他終不竭

다만 근본을 얻고 지말적인 것을 근심하지 말라.
마치 깨끗한 유리구슬 안에 보배의 달을 머금고 있는 것과 같도다.
내가 지금 이 여의주를 풀어놓았으니
자신도 이롭고 남도 이롭게 함에 마침내 다함이 없도다.

불법을 깨닫고 실천하면 우리에게 본래 갖추고 있던 지혜와 해탈과 복덕과 같은 공덕상功德相이 나타나게 됩니다. 앞에서 '삼신 사지체중원三身四智體中圓 팔해육통심지인八解六通心地印', 즉 삼신과 사지, 팔해탈과 육신통을 모두 원만히 구족하고 있다고 했습니다.

『법화경』의 '계주비유繫珠比喩'와 『열반경』의 '힘센 장사의 비유' 도 같은 이야기입니다. 온갖 묘용을 드러내는 여의주, 값을 따질 수 없는 보배, 어떤 문제도 해결할 수 있는 비결, 아무리 써도 부속함이 없는 무진장이 이미 우리에게 있다는 말입니다.

강 월 조 송 풍 취
江月照松風吹

영 야 청 소 하 소 위
永夜淸霄何所爲

불 성 계 주 심 지 인
佛性戒珠心地印
무 로 운 하 체 상 의
霧露雲霞體上衣

강물에 달이 비치고 소나무에 바람은 부는데
긴 밤 맑은 하늘에 무엇을 해야 할까.
불성이라는 계의 구슬은 마음 땅의 도장이요,
안개, 이슬, 구름, 노을은 본체 위의 옷이로다.

제가 이 구절을 참 좋아합니다. 풍경을 한번 그려 보세요. 맑고
맑은 하늘에 무엇을 더 보탤 것이 있겠습니까. 거기에 무슨 경전
과 어록이 해당되겠습니까. 그냥 그대로가 최고지요. 그보다 못한
것이 경전 읽고, 어록 읽고, 선행하는 것입니다. 절학무위한도인
絕學無爲閑道人, 즉 깨달은 사람의 정신세계를 자연 풍경에 빗대어
이렇게 표현했습니다.

불성은 부처님의 성품, 진리의 성품을 말합니다. 계戒란 청정한
삶을 사는 것을 말합니다. 불성을 깨닫게 하고 불성을 이해하게
하는 불성계가 진짜 계지요. 보살계는 그야말로 불성계입니다. 안
개, 이슬, 구름, 노을 등의 자연 현상을 빌려 근본 자리 이외의 지
엽적인 지식과 능력 등을 말하고 있습니다. 이런 것이 있으면 금
상첨화지요. 그러나 중요한 것은 불성계주佛性戒珠입니다. 불성과
계주, 즉 진리와 청정한 삶은 우리의 본래 마음으로 그 이름만 다
를 뿐 같은 의미입니다.

항 용 발 해 호 석
降龍鉢解虎錫

양 고 금 환 명 역 력
兩鈷金鐶鳴歷歷

불 시 표 형 허 사 지
不是標形虛事持

여 래 보 장 친 종 적
如來寶杖親蹤跡

용을 항복받은 발우와 호랑이의 싸움을 말린 석장으로
두 고리에 달린 여섯 고리가 쩌렁쩌렁 울리는 것은,
모양을 나타내자고 헛되이 가진 것이 아니라
여래의 보배 주장자를 친히 본받음이로다.

 '항용발降龍鉢'은 부처님과 관련된 일화이며, '해호석解虎錫'은 중
국의 승조僧稠 스님으로부터 유래한 이야기입니다. 부처님께서 불
을 섬기는 가섭 삼형제를 제도할 때, 불을 내뿜던 용이 부처님의
화광삼매의 불 때문에 타 죽게 되자 부처님의 발우에 들어가 불
길을 피했다는 이야기입니다. 또 호랑이 두 마리가 서로 싸우는
것을 보고 승조 스님께서 주장자를 들어 싸움을 말렸다는 일화입
니다. 여기에서 발우와 주장자는 불법을 상징하는 방편이고 법력
을 드러내는 도구일 뿐 특정한 모양을 나타내기 위해 말씀하신 게
아닙니다.

스님들이 사용하는 육환장도 마찬가지입니다. 단지 그 모양만을 취하지 말라고 했습니다. 육환장의 양고兩鈷, 즉 두 개의 걸이는 세간과 출세간을 의미합니다. 또 양쪽에 세 개씩 총 여섯 개의 고리는 육도만행을 상징합니다. 이렇듯 육환장에는 스님이라는 상을 드러내고자 하는 것이 아니라 여래의 삶, 중도의 삶, 보살의 삶이 깃들어 있습니다.

6. 진실상眞實相

불구진부단망
不求眞不斷妄

요지이법공무상
了知二法空無相

무상무공무불공
無相無空無不空

즉시여래진실상
卽是如來眞實相

진리도 구하지 않고 망상도 끊지 않나니
두 가지 법이 공하여 형상이 없는 줄을 분명히 알았도다.
상도 없고 공도 없고 공하지 않음도 없음이여,
그것이 곧 여래의 진실한 모습이로다.

　우리는 진과 망을 늘 나눠 놓고 살기 때문에 '진은 구해야 되고, 망은 끊어야 된다'는 취사의 생각에 집착합니다. 그런데 영가 스님은 진망이 공하여 무상하다는 것을 분명히 알았기 때문에 진망, 선악, 좌우, 남녀, 유공 등 그 어떤 분별 망상에 꺼들리지 않습니다.

또한 우리는 이분법적 사고의 틀에 갇혀 있습니다. 이것 아니면 저것뿐입니다. 그러나 실상은 이것과 저것이라 규정할 수 있는 실체가 없습니다. 무자성이고 무상이며, 공도 없고 공하지 아니함도 없습니다. 인연 따라 생멸변화할 뿐입니다.

따라서 실상에 바탕을 두고 잘못된 견해를 수정하는 것이 공이고, 실상을 깨달아 욕망과 집착을 벗어나 조화롭게 살아가는 것이 중도이며, 중도의 삶을 사는 사람이 절학무위한도인이며, 이것이 바로 진리의 진실한 모습입니다. 『고존숙어록古尊宿語錄』에서는 '도무都無 일체유무등견一切有無等見 역무무견亦無無見 명정견名正見', 즉 '일체 유무 등의 견해가 전혀 없으며, 또한 없다는 견해도 없으면 정견이라고 한다'고 했습니다.

심 경 명 감 무 애
心鏡明鑑無碍

확 연 영 철 주 사 계
廓然瑩徹周沙界

만 상 삼 라 영 현 중
萬象森羅影現中

일 과 원 광 비 내 외
一顆圓光非內外

마음의 거울은 밝고 비치는 것이 걸림이 없어서
확연히 밝게 사무쳐서 무한한 세계에 광대하도다.
삼라만상이 거울 속의 그림자처럼 나타나 있고
한 덩어리 원만한 광명은 안과 밖이 아니로다.

　마음에 집착이 있고, 분별 망상으로 가득 차 있으면 판단이 제대로 서지 않습니다. 무애無碍가 안 되기 때문에 편견이 나오게 됩니다. 마음이 맑고 밝아야 살피는 데 걸림이 없습니다. 그러나 실상을 꿰뚫어 걸림 없이 바라볼 안목이 있으면 굳이 애쓰지 않아도 마치 하늘의 태양이 온 세상을 차별 없이 비추듯 모든 존재의 실상에 대해 저절로 알게 된다는 것입니다. 다시 말해 선악, 시비, 호오, 희비 등이 실재가 아닌 마음거울 가운데 그림자처럼 나타난다고 했습니다. 그렇기 때문에 우리의 본래 마음, 진여, 자성의 입장에서는 내외, 능소, 피아의 경계가 있을 수가 없습니다. 일과 원광一顆圓光, 삼라만상森羅萬象, 내가 혼연일체가 되어 조화를 이루면서 함께하는 것입니다.

활 달 공 발 인 과
豁達空撥因果

망 망 탕 탕 초 앙 화
茫茫蕩蕩招殃禍

기 유 착 공 병 역 연
棄有着空病亦然

환 여 피 익 이 투 화
還如避溺而投火

아무것도 없이 텅 비워 인과를 부정하니
어둡고 아득하여 재앙을 불러오도다.
있음을 버리고 없는 데 집착하면 그 병도 또한 같으니
물에 빠지는 것을 피해 불 속으로 뛰어드는 것과 같도다.

인과는 인과대로 분명히 있습니다. 공하다는 이야기만 듣고 '아이고 전부가 공한데, 마음대로 살지'라고 하면 매우 잘못되었다는 말입니다. 이는 유교적인 도덕률을 지키며 사는 것보다도 훨씬 못합니다.

유有를 버리고 공空에 집착하는 것도 마찬가지입니다. '침공체적沈空滯寂', 즉 공에 빠지고 적정에 막히어 무견에 빠진다는 말이 있습니다. 공의 이치를 이해한다는 것이 대단한 것 같지만 그 공에 집착하면 유에 집착하는 것과 같습니다. 비유하자면 물에 빠질 것을 두려워해서 불 속으로 들어가는 것과 같습니다. 착공着空, 즉

공에 집착하는 사람이란 곧 허무주의자입니다. 허무주의자는 아주 추악한 현실주의자와 결국 똑같습니다.

사 망 심 취 진 리
捨妄心取眞理

취 사 지 심 성 교 위
取捨之心成巧僞

학 인 불 료 용 수 행
學人不了用修行

진 성 인 적 장 위 자
眞成認賊將爲子

망심을 버리고 진리를 취하는 것이여,
취하고 버리는 마음이 교묘한 거짓을 이루는구나.
공부하는 사람이 그러한 이치를 깨닫지 못하고 수행을 하니
참으로 도적을 오인해서 아들을 삼음이로다.

「신심명」에서 '지도무난至道無難 유혐간택唯嫌揀擇', 지극한 도는 어려움이 없으며 오직 간택함을 싫어할 뿐이라고 했습니다. 간택하는 마음이 제일 문제입니다. 망심을 버리고 진심을 취한다는 것은 간택의 마음이기 때문에 거짓이라는 말입니다.

공부하는 사람이 이러한 이치를 모르고 취사심에 매달려서 수행하기 쉽습니다. 그것은 참으로 도적을 오인해서 아들을 삼는 것과 같다고 했습니다. 도적을 오인해서 아들을 삼으면 어떻게 되겠습니까. 이 말은 『능엄경』에 나옵니다. 망심이 도적이며, 간택하는 것이 집안을 망치는 일입니다.

손 법 재 멸 공 덕
損法財滅功德

막 불 유 사 심 의 식
莫不由斯心意識

시 이 선 문 요 각 심
是以禪門了却心

돈 입 무 생 지 견 력
頓入無生知見力

법의 재산을 손상시키고 공덕을 소멸하게 하는 것은
이런 심·의·식을 말미암지 아니함이 없으니
그러므로 선문에서는 심·의·식을 떨쳐 버리고
생멸이 없는 지견의 힘에 몰록 들어가도다.

심의식心意識이란 제8 아뢰야식, 제7 말나식, 육식六識을 말하는 것으로 자기 깜냥대로 헤아리는 모든 사량 분별을 뜻합니다. 자식으로 여겼던 분별 망상이 도적이 되어 법의 재산을 손상시키고 공덕을 소멸시킵니다.

그래서 선불교에서는 사량 분별을 인정하지 않습니다. 오직 계산하고 분별하는 망상인 심의식을 떨쳐 버리고 생멸변화가 없는 존재의 실상을 꿰뚫는 지견의 힘에 단번에 들어가는 것이 선종의 길이라는 말입니다. 『고존숙어록古尊宿語錄』에서는 '먼저 종지를 깨친 사람은 일체 유무의 모든 법상에 구속당하지 않나니, 때 묻은 옷을 씻는 것과 같으므로 모양을 떠났다고 하며 부처라 한다'고 했습니다.

7. 대장부大丈夫

대 장 부 병 혜 검
大丈夫秉慧劍

반 야 봉 혜 금 강 염
般若鋒兮金剛焰

비 단 능 최 외 도 심
非但能摧外道心

조 증 락 각 천 마 담
早曾落却天魔膽

대장부가 지혜의 칼을 잡은 것은

반야의 칼날이요, 금강의 불꽃이로다.

비단 능히 외도의 마음을 꺾을 뿐만 아니라

일찍이 천신과 마구니의 간담을 떨어트렸었네.

　　영가 스님의 표현력은 대단합니다. 생사의 경계를 벗어난 사람의 고준한 지혜의 경지를 말하고 있습니다. 흔히 지혜의 칼을 취모검吹毛劍이라 합니다. 온갖 사량 분별, 번뇌 망상, 삿된 견해 등을 예리한 단칼로 베어 버린다는 뜻입니다. 또한 바른 견해가 확고하게 정립되어서 그 어떠한 유혹에도 흔들리지 않는다는 의미입니다.

진 법 뢰 격 법 고
震法雷擊法鼓

포 자 운 혜 쇄 감 로
布慈雲兮灑甘露

용 상 축 답 윤 무 변
龍象蹴踏潤無邊

삼 승 오 성 개 성 오
三乘五性皆惺悟

법의 우레를 떨치고 법의 북을 두드림이여,
자비의 구름을 펼치고 감로의 법비를 뿌림이로다.
용과 코끼리가 차고 밟고 지나가 윤택함이 넘쳐 나니
삼승과 오성이 모두 다 깨어나네.

　깨달은 사람이 세상에 노니는 것, 또 세상에 어떤 영향을 미치는 것을 표현하고 있습니다. 깨달은 대장부의 역할을 이야기한다고도 할 수 있습니다. 법뢰法雷 · 법고法鼓 · 자운慈雲 · 감로甘露로 표현은 달리했지만 모두 불법을 말합니다. 어리석고 서로 비방하며 다투는 자들을 제도하기 위해 자비심을 베풀어 법을 설한다는 말입니다. 당시로서는 매우 파격적인 깨달음의 내용을 당당히 전파하는 것을 용과 코끼리의 거침없는 행보로 비유하였습니다.

삼승三乘은 보살승菩薩乘 · 성문승聲聞乘 · 연각승緣覺乘으로 여러 차원의 가르침을 따르는 수행자를 일컫는 말입니다. 오성五性은 선성善性 · 악성惡性 · 정성定性 · 부정성不定性 · 천제성闡提性으로서 중생의 타고난 성품을 일컫는 말입니다. 삼성과 오성은 견해의 차별성과 근기의 차별성을 뜻합니다. 어떤 견해와 근기를 가졌건 상관없이 영가 스님의 가르침을 듣고는 전부 깨친다는 말입니다.

설 산 비 니 갱 무 잡
雪山肥膩更無雜

순 출 제 호 아 상 납
純出醍醐我常納

일 성 원 통 일 체 성
一性圓通一切性

일 법 변 함 일 체 법
一法遍含一切法

설산의 비니초 밭에는 잡된 풀이 하나도 없어
그것을 먹은 소의 제호를 내가 항상 마시도다.

하나의 성품이 일체의 성품에 원만하게 통하고
하나의 법이 일체의 법을 두루 포함하도다.

　설산에는 비니초라는 풀이 있습니다. 『능엄경』에, 백우百牛는 설산에서 비니초만 먹고 자란다는 내용이 있습니다. 그 비니초가 있는 숲에는 잡초가 없다고 합니다. 그래서 흰 소는 잡풀이 섞이지 않은 비니초만 먹고 자랐기 때문에 보통 우유하고는 다른 매우 좋은 우유만 생산하게 되고, 그 우유를 가공한 제호만을 마셨다는 것이지요. 우유는 가공 과정에 따라 유乳·낙酪·생소生酥·숙소熟酥·제호醍醐로 나눕니다. 이를 부처님의 일대시교一代時敎인 오시五時, 즉 화엄시華嚴時·녹원시鹿苑時·방등시方等時·반야시般若時·법화열반시法華涅槃時에 비유하기도 합니다. 제호는 부처님 최후의 가르침, 최상의 가르침, 궁극의 가르침을 비유한 것입니다. 그러므로 비니초만 먹은 소의 제호를 마신다는 것은 영가 스님이 바로 그와 같은 경지에서 삶을 영위해 나가겠다는 의미로 이해할 수 있습니다.

　『법화경』에서는 일념삼천一念三千, 즉 모든 유정 무정의 세간 출세간사가 한 생각 속에 들어 있다고 하였고, 승조 법사께서는 "천지는 나와 뿌리가 같고, 만물은 나와 한 몸이다."라고 했습니다. 또 「법성게」에서는 "하나 가운데 일체가 있고 많음 가운데 하나가 있다. 하나가 곧 일체이고 많음이 곧 하나다."라고 했습니다. 영가 스님도 본래 마음을 깨닫고 보니 이와 같음을 표현한 것입니다.

일 월 보 현 일 체 수
一月普現一切水

일 체 수 월 일 월 섭
一切水月一月攝

제 불 법 신 입 아 성
諸佛法身入我性

아 성 환 공 여 래 합
我性還共如來合

하나의 달이 모든 물에 널리 나타나고
물에 비친 모든 달 하나의 달에 포섭되네.
모든 부처님의 법신이 내 성품에 들어오고
나의 성품이 또 여래와 함께 합하도다.

'천강유수천강월千江有水千江月', 즉 천 개의 강에 물이 흐르면 천 개의 강마다 달이 비친다고 했습니다. 부처님이나 중생이나 모두 본래 한마음에 근거를 두지만 인연에 따라 그 모양과 능력은 다른 것을 비유한 말입니다. 근본 마음인 체는 같지만 사람마다 그 작용인 용은 다릅니다. 그렇지만 생김새, 성격, 취향, 습관, 능력 등 그 작용이 다르다 하여도 사람마다 본래 구족하고 있는 부처님의 성품에는 어떠한 차별도 없습니다.

불교란 결국 각각의 산들을 하나의 땅덩어리로 보는 안목, 천 강의 달을 하나의 달그림자로 보는 안목, 각각의 개체를 하나의

법신으로 보는 안목, 천변만화하는 감정과 생각들을 하나의 부처
님 성품으로 보는 안목을 기르는 것입니다.

일 지 구 족 일 체 지
一地具足一切地

비 색 비 심 비 행 업
非色非心非行業

탄 지 원 성 팔 만 문
彈指圓成八萬門

찰 나 멸 각 삼 기 겁
刹那滅却三祇劫

일 체 수 구 비 수 구
一切數句非數句

여 오 영 각 하 교 섭
與吾靈覺何交涉

하나의 지위가 모든 지위를 다 갖추고 있으니
육신도 아니고 마음도 아니고 행업도 아니다.
손가락 한 번 퉁기는 사이에 온갖 수행을 원만하게 이루었고
찰나 사이에 삼아승지겁을 소멸하였네.
일체의 법수와 법수가 아닌 법문들이여,

내 신령스런 깨달음과 무슨 교섭이 있을 것인가.

『화엄경』에서 '초발심시변정각初發心時便正覺'이라 했습니다. 처음 발심한 그 자리에, 말하자면 나머지 모든 지위가 그 속에 다 포함된다는 말입니다. 방편과 점차를 고려하지 않는다는 말입니다. 부처님은 특별할 거라는 우리의 망상을 영가 스님은 일시에 무너뜨리고 있습니다. 육신과 마음과 행업에 그 어떠한 차별이 없다는 것이지요.

탄지彈指는 돈오頓悟와 같은 의미입니다. 팔만사천의 수행문을 순식간에 원만히 성취해 궁극에 도달했다는 말입니다. 이것이 선불교의 특징이지요. 선불교에서는 이렇게 보는 것입니다. 이미 갖추어져 있는 것이고요. 어디서 하나하나 주워 오는 것이 아니고, 삼아승지겁의 세월을 통해 닦아야 되는 것도 아닙니다. 자신 속에 이미 다 갖추어져 있는 까닭에 이런 표현이 가능합니다.

'수구數句'와 '비수구非數句'는 『능가경楞伽經』에 나옵니다. 수구란 삼귀의, 사홍서원, 육바라밀, 칠각지, 팔정도 등의 법수를 말합니다. 비수구란 진여, 보리, 해탈, 열반 등으로 숫자에 따라 차별하지 않는 법문을 말합니다. 영가 스님은 이와 같은 수많은 법수와 교리가 내 마음자리와는 상관이 없다고 보았습니다. 영가 스님은 일체 교리에 매우 밝았던 스님이었습니다. 그런데 육조 스님으로부터 깨달음을 인가받고 나니, 증득한 자리에서는 일체 교법이란 논할 가치가 없었던 것입니다.

저는 출가 초기에 법수를 종이에 적어 주머니에 넣고 다니면서 밭에 나가 사람들과 함께 일할 때 외우곤 했습니다. 이 영가 스님처럼 일체 교법을 다 이해한 다음에 이런 소리를 해야 합니다.

8. 마하반야력摩訶般若力

불 가 훼 불 가 찬
不可毁不可讚

체 약 허 공 물 애 안
體若虛空勿涯岸

불 리 당 처 상 담 연
不離當處常湛然

멱 즉 지 군 불 가 견
覓則知君不可見

훼방할 수도 없고 찬탄할 수도 없음이여,

심체는 허공과 같아서 가장자리가 없다.

당처를 떠나지 않고 있으면서 항상 맑고 깨끗하나

찾으면 분명히 알겠구나, 그대가 볼 수 없음을.

마음의 본체, 신령한 깨달음의 경지는 끝이 없는 허공과 같다고 했습니다. 몇 백억 광년이나 되는 그 끝에 갔다손 치더라도 그 끝은 또 다른 시작일 뿐입니다. 한계가 없습니다. 공간적인 한계뿐 아니라 시간적 한계도 없으며, 우리 마음도 마찬가지입니다. 우리가 마음을 그토록 썼지만 어디 한계가 있었습니까? 모자라던가요? 우리의 마음 작용은 모자라는 법이 없습니다.

　그 본래 마음자리, 깨달음의 자리는 멀리 있는 것이 아니라 보고 듣고 느끼고 아는 지금 이 자리, 이 순간에 항상 맑고 고요하게 빛나고 있습니다. 물결이 아무리 쳐도 물은 여여부동입니다.

　그렇게 온 우주를 감싸고도 남을 만큼 확실하게 이 순간 이 자리에 있음에도 불구하고, 그것을 찾아보면 그대는 볼 수 없다는 사실을 알게 될 것이라고 했습니다. 「신심명」에서도 '장심용심將心用心 기비대착豈非大錯', 즉 '마음으로서 마음을 찾으니 어찌 큰 착각이 아니겠는가?' 하고 승찬 스님께서 경책하셨습니다.

취 부 득 사 부 득
取不得捨不得

불 가 득 중 지 마 득
不可得中只麼得

묵 시 설 설 시 묵
黙時說說時黙

대 시 문 개 무 옹 색
大施門開無壅塞

취할 수도 없고 버릴 수도 없으니

얻을 수 없는 가운데서 또 그렇게 얻는다.
침묵하면서 말하고 말하면서 침묵하니
크게 베푸는 문이 활짝 열려 옹색함이 없다.

　우리의 마음자리는 그렇게 많이 활용하고 작용하면서도 찾으면 찾을 수가 없습니다. 잡을 수도 없고 버릴 수도 없습니다. 그러나 또 여전히 그 작용, 활용은 그대로 하고 있습니다. 마음은 마치 허공과도 같습니다.

　물결이 쳐도 물은 그대로이고, 물은 그대로면서 끊임없이 물결이 칩니다. 우리의 마음도 이와 같다는 말입니다. 말(語)과 침묵(黙), 움직임(動)과 고요함(靜)이 항상 조화를 이루고 있다는 것입니다.

　'크게 베푸는 문(大施門)'이란 안이비설신의 육근의 작용을 말합니다. 이 육근의 작용에 막힘이 없어서 활발발活潑潑하게 신통묘용을 발휘한다는 말입니다.

유 인 문 아 해 하 종
有人問我解何宗

보 도 마 하 반 야 력
報道摩訶般若力

혹 시 혹 비 인 불 식
或是或非人不識

역 행 순 행 천 막 측
逆行順行天莫測

오 조 증 경 다 겁 수
吾早曾經多劫修

불 시 등 한 상 광 혹
不是等閑相誑惑

어떤 사람이 나에게 무슨 종취를 아느냐고 물으면
마하반야의 힘이라고 대답하리라.
혹자는 옳다 하고 혹자는 그르다 하지만 사람들은 알지 못하고
역행하기도 하고 순행하기도 하니 천신도 측량하지 못하네.
나는 일찍이 다겁을 지내면서 수행하였기에
등한히 속이고 미혹하게 하는 것이 아니다.

"너는 도대체 무슨 종파에 소속되었기에 그렇게 시원시원하게 깨달음을 노래하느냐?" 하고 누가 물으면, "나에게는 본래부터 구족되어 있던 무가진無價珍하고 무용진用無盡한 위대한 보배가 있어 그것을 자유자재로 사용하는 것이다."라고 대답하겠다는 말입니다.

이 위대한 지혜의 작용은 유무와 시비라는 이분법적 테두리를 모두 벗어났기 때문에 세속의 안목으로 보면 역행도 되고 순행도 됩니다. 천신들의 눈으로도 측량할 길이 없습니다. 천신은 공덕을

얻어 하늘 세계(天)에 태어났으나 깨달음을 얻기 위해 수행하는 존재라는 점에서는 인간과 다를 바 없습니다. 그러니 이미 깨달음을 얻은 도인의 경지를 어찌 천신들이 측량할 수 있겠습니까. 불교적인 자기 소신이 확고하다면 세속적인 법에 걸리는 그 어떠한 일도 괘념할 필요가 없습니다. 부처님 법과 자기 양심에 부합하는 일이라면 세속적인 법에 크게 관계할 필요가 없습니다.

9. 전등 傳燈

건 법 당 입 종 지
建法幢立宗旨

명 명 불 칙 조 계 시
明明佛勅曹溪是

제 일 가 섭 수 전 등
第一迦葉首傳燈

이 십 팔 대 서 천 기
二十八代西天記

법의 깃발을 세우고 종지를 드날리니
너무나도 분명한 부처님의 법이며 조계 육조가 바로 그것이로다.
제일 먼저 가섭 존자가 그 등불을 전해 받으사
28대 달마 스님까지가 서천의 기록일새.

영가 스님은 진리의 깃발을 세우고 세상에 널리 전파한다고 했
습니다. 그 깃발은 부처님으로부터 육조 스님에 이르기까지 면면
부절하며 전등된 법입니다.

인도에서는 부처님의 법이 초조 가섭 존자부터 제2조 아난阿難,

제3조 상나화수商那和修 등으로 계속 내려와 제28조 보리달마菩提
達磨까지 전해집니다.

법 동 류 입 차 토
法東流入此土

보 리 달 마 위 초 조
菩提達磨爲初祖

육 대 전 의 천 하 문
六代傳衣天下聞

후 인 득 도 하 궁 수
後人得道何窮數

법이 동쪽으로 흘러 중국에 들어와서
보리달마가 초조가 되었네.
육대까지 내려오면서 옷과 법을 전한 것은 천하가 다 알고
후인들이 득도한 것이야 어찌 다 헤아리랴.

　법이 중국에 들어와서는 보리달마菩提達磨 스님이 초조가 됩
니다. 초조 달마 대사께서 법을 전한다는 신표信標로 가사와 발우
를 제2조 혜가慧可 대사께 전합니다. 그리고 제3조 승찬僧璨 대사,
제4조 도신道信 대사, 제5조 홍인弘忍 대사를 거쳐 제6조 혜능慧能

대사에게까지 전해지게 됩니다. 이 사실은 당시에도 널리 알려져 천하 사람들이 다 알고 있다는 말입니다. 그리고 육조 스님으로부터 법을 이은 사람, 도를 깨달은 사람은 그 수를 헤아릴 수 없이 많다는 말입니다.

진 불 립 망 본 공
眞不立妄本空

유 무 구 견 불 공 공
有無俱遣不空空

이 십 공 문 원 불 착
二十空門元不著

일 성 여 래 체 자 동
一性如來體自同

진도 세울 만한 것이 아니고 망도 본래 공한 것이라.
유와 무를 함께 버리니 공하지 않으면서 공하네.
스무 가지 공의 문에 원래 집착하지 않으니
하나인 성품의 여래는 그 본체가 저절로 동일함이라.

영가 스님은 진실과 거짓이 본래 없다고 했습니다. 주장할 진실도 부정할 거짓도 없으니 그 무엇에도 집착할 일이 없습니다. 집착함이 없기 때문에 현실을 그대로 인정하면서도, 또 공으로도 볼 수 있습니다. 우리의 현실은 불공不空이지만 공의 측면도 놓쳐서는 안 될 일이라고 하는 것입니다. 이 두 가지가 조화를 잘 이뤄야 합니다. 어느 것 하나도 배제할 수가 없는 겁니다.

계속 있다고만 고집할 일도 아니고, 없다고만 고집할 일도 아닙니다. 있음에서 병이 났을 때는 없음으로 치료하고, 없음에서 병이 났을 때는 있음으로 치료해야 합니다. 공과 불공, 유와 무를 자유자재로 활용할 줄 알아야 합니다.

'공'은 편견과 집착을 버리고 존재의 실상을 보라는 이야기입니다. 그런데 우리가 유에 너무나 집착하다 보니 공을 강조하게 되고, 강조하다 보니 20공이 등장하게 되었습니다. 「신심명」에도 '견유몰유遣有沒有 종공배공從空背空'이라 했습니다. 공을 좇을수록 공의 이치와 등진다는 말입니다. 사실 공은 이야기할 것이 아닙니다. 다만 집착하지 아니하면 성품은 여래의(體)와 스스로 같습니다. 그러면 평화와 화해는 저절로 구축됩니다. 이런 안목을 갖춰야만 여래의 삶, 진리의 삶, 조화로운 삶을 살 수 있습니다.

심 시 근 법 시 진
心是根法是塵

양 종 유 여 경 상 흔
兩種猶如鏡上痕

흔 구 진 제 광 시 현
痕垢盡除光始現

심 법 쌍 망 성 즉 진
心法雙亡性卽眞

마음은 뿌리가 되고 법은 티끌이 되어
두 가지가 마치 거울 위의 흠집과 같다.
흠집과 때가 다했을 때 광명이 비로소 나타나고
마음과 법이 함께 없어지면 성품이 곧 진실함이라.

　여기에서의 '마음'과 '법'은 근根과 경境, 내內와 외外, 주체와 대
상을 의미합니다. 두 가지로 나눈다는 것은 중도의 입장, 깨달음
의 입장, 조화의 입장에서 보면 모두 편견이며 허물입니다. 번뇌
망상과 분별 집착이 다하면 한 성품의 광명, 근본 마음의 광명, 여
래의 광명이 드러납니다.

차 말 법 악 시 세
嗟末法惡時世

중 생 박 복 난 조 제
衆生薄福難調制

거 성 원 혜 사 견 심
去聖遠兮邪見深

마 강 법 약 다 원 해
魔强法弱多怨害

문 설 여 래 돈 교 문
聞說如來頓教門

한 불 멸 제 령 와 쇄
恨不滅除令瓦碎

아 슬프다, 이 말법 시대 악한 세상에
중생들 박복하여 조복받기 어렵도다.
성인에게 가기가 시간적으로 멀어서 삿된 소견은 깊어지고,
마구니는 강하고 정법은 약해져 미워하고 훼방하는 일이 많도다.
여래의 돈교법문 설하는 것을 듣고도
없애 버리고 부숴 버리지 못함을 한탄하는구나.

　영가 스님의 심정이 여기에도 잘 표현되어 있습니다. 온갖 집착
과 편견, 기존 관념과 습성, 삿된 견해와 지견은 부처님 당시로부
터 시간이 지날수록 더욱 치성하고 있다는 것이지요. 그래서 어리
석은 사람들이 여래의 수승한 가르침을 듣고도 이를 가벼이 흘려
듣거나, 사법邪法이라 여겨 오히려 없애고자 한다는 것입니다.

작 재 심 앙 재 신
作在心殃在身

불 수 원 소 갱 우 인
不須怨訴更尤人

욕 득 불 초 무 간 업
欲得不招無間業

막 방 여 래 정 법 륜
莫謗如來正法輪

짓는 것은 마음이 하고 재앙은 몸이 받으니
모름지기 남을 원망하고 하소연하거나 허물하지 말지어다.
무간지옥에 떨어질 업을 초래하지 않고자 하거든
여래의 정법을 비방하지 말라.

'사작작수自作自受', 즉 인과는 스스로 짓고 스스로 받는다고 했습니다. 따라서 절대 남을 원망하거나 허물하지 말라고 했습니다.

영가 스님은 천태종의 입장에서 보면 촉망받던 인물이었습니다. 그런데 세속적인 시각으로 보면 어느 순간 배신하고 선종으로 가 버렸던 겁니다. 당시만 해도 종파의 대립이 치열했습니다. 특히, 그 당시는 선종이 득세하지 못할 때입니다. 세가 없었던 초기에는 율종이나 교종에 의탁해 겨우 명맥을 유지하고 있었지요. 그러다 차츰 세가 확대되면서 전문적인 선종 사찰이 생기기 시작했습니다. 그리고 종파가 확실하게 구축되면서 색깔이 분명해지기 시작했습니다. 그러면서 서로 비난하기 시작하고, 위장하고 숨어들어 다른 종파의 법을 살피기도 하는 등의 사례들이 무수히 많았습니다. 이와 같은 상황이다 보니 영가 스님에 대한 비방 또한 얼마나 많았겠습니까?

10. 전단림栴檀林

전 단 림 무 잡 수
栴檀林無雜樹

울 밀 심 침 사 자 주
鬱密深沉獅子住

경 정 림 한 독 자 유
境靜林閒獨自遊

주 수 비 금 개 원 거
走獸飛禽皆遠去

전단향나무의 숲에는 잡된 나무가 없으니
울창하고 깊숙하여 사자가 머무는지라.
경계는 고요하고 숲속은 한가하여 나 홀로 노니니
짐승과 새들은 다 멀리 멀리 가 버리네.

　궁극의 진리, 최상의 정법만을 설하고, 방편과 차제를 말하지
않는다는 영가 스님의 자긍심과 기백을 알 수 있는 표현입니다.
그렇지만 자신을 알아주고 따르는 사람이 아무도 없습니다. 아마
처음에는 스님들이 와서 비난도 하고 쟁론도 벌였겠지요. 그런데

영가 스님은 종지도 통했고, 교학도 매우 밝고 뛰어났으며, 계행
도 청정하니 상대가 안 되었던 것이지요.

사 자 아 중 수 후
獅子兒衆隨後

삼 세 변 능 대 효 후
三歲便能大哮吼

약 시 야 간 축 법 왕
若是野干逐法王

백 년 요 괴 허 개 구
百年妖怪虛開口

사자 새끼 무리들만 뒤를 따르며

세 살만 되면 곧 크게 포효를 할 줄 안다.

만약 들여우가 법왕을 쫓으려 한다면

백 년이 되어도 요괴인지라 헛되이 입만 벌리도다.

'사자 새끼(獅子兒)'는 상근기의 사람을 말합니다. 사자 새끼가
다시 사자가 되기 위해 특별한 노력을 기울이지 않아도 되듯, 상
근기인 사람들 역시 여래의 성품을 본래 갖추고 있기 때문에 여래
의 지혜와 덕상을 곧 발휘한다는 말입니다.

‘여우’는 범부나 성문, 연각 등 스스로를 중생으로 여기는 하근기를 비유한 말입니다. 이와 같은 사람은 부처가 되기 위해 참선, 염불, 기도 등을 열심히 하여 사자의 울음소리를 흉내 낸다 하더라도 백 년 묵은 여우에 불과하다는 말입니다.

　특히, "백 년이 되어도 요괴인지라 헛되이 입만 벌리도다."라는 구절에는 의미가 함축되어 있습니다. 가시와 뼈가 내포되어 있다고 하겠습니다. 영가 스님 당시의 시대 상황과 다른 사람과의 관계를 이야기하고 있습니다.

원 돈 교 몰 인 정
圓頓敎沒人情

유 의 불 결 직 수 쟁
有疑不決直須爭

불 시 산 승 영 인 아
不是山僧逞人我

수 행 공 락 단 상 갱
修行恐落斷常坑

원만한 가르침은 인정이 없으니

의심이 있어 해결하지 못하거든 곧바로 따져 볼지어다.

산승이 아상 인상을 드러내려고 하는 것이 아니라

수행하는 데 단견과 상견의 구덩이에 떨어질까 염려해서니라.

'원돈교圓頓敎'는 교리상의 원교와 돈교를 말하는 것이 아닙니다. 최상승의 가르침을 뜻합니다. 원만하고 한꺼번에 다 해결하는 최상승의 가르침은 인정이 없다는 말입니다. 방편교가 근기를 맞추느라 인정이 있지, 종지를 바로 드날리는 이 선종에는 인정이 없습니다. 정법 실상을 밝히는 일에 인정이란 중생의 망정에 불과합니다. 진실을 드러내는 데 오히려 장애가 됩니다. 그렇기 때문에 의심이 있거든 인정에 꺼들리지 말고 격렬하게 따져 보라는 것이지요.

이것은 영가 스님의 무한한 자비심의 발로이기도 합니다. 수행을 하면서 유에 치우치거나, 아니면 무에 치우칠까 염려되어 하신 말씀입니다. 수행할 때 제일가는 금기 사항이 바로 유무 이견에 떨어지는 것입니다. 유무란 있다, 없다 뿐만 아니라 모든 이분법적 견해를 통징하고 있습니다.

비 불 비 시 불 시
非不非是不是

차 지 호 리 실 천 리
差之毫釐失千里

시 즉 용 녀 돈 성 불
是則龍女頓成佛

비 즉 선 성 생 함 추
非則善星生陷墜

그름과 그르지 아니한 것과 옳음과 옳지 아니함이여,
호리만큼만 어긋나도 천리를 잃어버린다.
옳은 입장으로는 용녀도 순식간에 성불을 했고
그른 입장으로는 선성 비구도 산 채로 지옥에 떨어졌네.

　이 말은 영가 스님께서 자신을 비방하는 사람들을 향해 쏟아 내는 말씀입니다. 스님의 견해가 옳은지 그른지를 따져 보자는 것이지요. 스님의 견해와 스님을 비방하는 사람들의 견해 차이는 비록 처음에는 크지 않지만 나중에는 천 리나 어긋난다고 했습니다. 「신심명」에도 '호리유차毫釐有差 천지현격天地懸隔'이라 했습니다.

　영가 스님은 『법화경』의 「제바달다품」과 『열반경』의 「가섭보살품」을 인용하여 바른 견해와 바르지 못한 견해의 과보에 대해 말씀하십니다. 바른 견해를 갖추면 비록 축생에 불과한 용녀라 하더라도 생멸이 없는 실상을 깨닫습니다. 그러나 견해가 잘못되면 십이부경을 모두 외워 사람들에게 설명을 잘 하고 청정한 삶을 살아도 생지옥고를 면치 못한다는 말입니다.

오 조 연 래 적 학 문
吾早年來積學問

역 증 토 소 심 경 론
亦曾討疏尋經論

분 별 명 상 부 지 휴
分別名相不知休

입 해 산 사 도 자 곤
入海算沙徒自困

나는 일찍부터 학문을 많이 쌓아서

소초도 찾고 경론도 찾아 헤맸다.

명상을 분별하기를 쉴 줄을 모른 것이

바다에 들어가 모래를 세는 격이라 스스로 피로할 뿐이었네.

　영가 스님께서 지나온 자신의 삶을 이야기합니다. 긴 세월 동안 경론소초를 뒤지며 학문에 힘써 왔다는 말입니다. 그런데 그 공부란 이런 이론, 저런 이론을 배우고, 이것과 저것의 관계는 어떻고 등을 낱낱이 따지는 공부였습니다.

　불교를 학문의 입장에서 공부하면 그렇게 될 수밖에 없습니다. 그런데 절에서 경전을 공부하는 이유는 수행에 있기 때문에 개념을 낱낱이 밝히는 것을 크게 중요시하진 않습니다. 그 뜻을 음미하고, 그 뜻을 깨달으려는 데 목적을 두고 있습니다. 그렇기 때문에 명상을 분별한다든지, 근래의 학자들과 같이 분석하는 것과는 다릅니다. 그래서 불교는 학문의 길은 아니지요.

저도 경전을 공부하느라 상당한 시간을 공들였지만 학자는 아닙니다. 학자의 태도도 아니며, 학자적인 연구도 하지 않습니다. 한 구절이 좋으면 하루고 이틀이고 그냥 음미하고, 그 속에서 그저 즐기고, 거기서 마음에 계합되는 바가 있으면 '아 신기하다' 하고 무릎도 치곤합니다. 이것이 경의 진정한 맛을 보는 길이며 신앙으로 가는 길입니다.

사찰에서 경전을 가르치는 경우를 엿볼 기회가 있었습니다. 그런데 가만히 들어 보면 그 속에 담겨 있는 맛과 의미하고는 상관없이 글만 천착하는 사람들이 적지 않았습니다. '저 사람이 평생 강사를 하고 있는데 불교를 아는 건가, 모르는 건가?' 하고 의심스러운 경우가 있습니다. 팔만대장경이라고 하는 불교의 가르침은 실로 광대하게 펼쳐진 바닷가 모래사장과 같습니다. 만약 그 언설에만 눈이 팔려 이 말과 저 말을 비교하고 외우고 설명하려 든다면 끝날 날이 없습니다.

각 피 여 래 고 가 책
却被如來苦呵責

수 타 진 보 유 하 익
數他珍寶有何益

종 래 층 등 각 허 행
從來蹭蹬覺虛行

다 년 왕 작 풍 진 객
多年枉作風塵客

도리어 여래의 호된 꾸지람을 듣고 보니
다른 사람의 보배를 세는 격이라 나에게 무슨 이익이 있었겠는가.
예전에는 걸음을 제대로 걷지 못하여 헛되게 행했음을 깨달으니
오랜 세월 동안 잘못되게 풍진객이 되었더라.

경전을 봐도 항상 깨달음과 도에 관심을 갖는 것과 그야말로 글줄이나 세고 그 이치나 따지는 것과는 판이하게 다른 길이 있다는 말입니다.

'이것이 맞는가, 저것이 맞는가?', '이것이 옳은가, 저것이 옳은가?' 하고 경전에 쓰여 있는 글에 빠져서 공을 들이다 보면 순전히 방편으로 펼쳐 놓은 교리인데도 불구하고 그런 차원이 분명히 있는 줄 착각하게 됩니다.

예를 들어, 보살수행계위라 해서 52위 또는 42위를 펼쳐 놨습니다. 그런데 사람이 거기에 마음을 많이 쓰고 공을 들이다 보면 그것이 실제로 있는 것처럼 여깁니다. 참 신기하지요. 그것은 있는 것을 설명하는 것이 아니고, 짐짓 이론을 만든 것에 불과한 것인데 그것이 실재하는 것처럼 생각합니다. 그렇게 착각하는 경우가 참 많습니다. 영가 스님도 지난날을 되돌아보니 그렇더라고 말씀하시는 것입니다. 『화엄경』에서 법수法首 보살이 이렇게 말씀하

셨습니다.

비여빈궁인(譬如貧窮人)

일야수타보(日夜數他寶)

자무반전분(自無半錢分)

다문역여시(多聞亦如是)

비유하자면 가난한 사람이

밤낮으로 남의 보물을 세지만

자신은 반 푼도 없는 것과 같나니

많이 배웠다는 것도 이와 같다네.

불교 공부는 학문과는 그 길이 다릅니다. 경전을 읽고, 강의를
듣고, 수행을 하는 까닭은 부처님의 진실한 뜻을 이해하여 보람
있고 가치 있는 삶을 살기 위해서입니다.

그런데 문자에 집착하거나 지식과 언변을 늘리는 데만 힘쓴 나
머지 깨달음과는 멀어져 버렸다는 말입니다. '풍진객風塵客'은 멀
쩡히 자기 집이 있음에도 불구하고 제 발로 집을 나와 비바람을
맞으며 나그네처럼 살았다는 뜻입니다. 그것은 바른 견해를 갖지
못한 영가 스님의 지난 세월을 표현한 말입니다.

11. 관자재觀自在

종 성 사 착 지 해
種性邪錯知解

부 달 여 래 원 돈 제
不達如來圓頓制

이 승 정 진 물 도 심
二乘精進勿道心

외 도 총 명 무 지 혜
外道聰明無智慧

종성이 삿되고 잘못 알고 있었음이여,

여래의 원만한 법을 통달하지 못했더라.

이승들의 정진은 도의 마음이 아니요,

외도는 아무리 총명해도 지혜가 없는지라.

'종성種性'은 성품입니다. 또는 불법을 처음 접할 때 형성되는
선입견이라 할 수 있습니다. 그 첫 경험과 가르침이 삿되고 그릇
되게 이해를 해서 최상승 불교를 알지 못했다는 말입니다.

성문, 연각으로 대변되는 소승불교는 정법이 아니기 때문에 도

심도心이 아니라고 했습니다. 또한 바른 견해를 갖추지 못하면 아무리 똑똑하고 박식해도 그것은 바른 불법이 아니고, 지혜가 아니라는 말입니다.

역 우 치 역 소 애
亦愚癡亦小駭

공 권 지 상 생 실 해
空拳指上生實解

집 지 위 월 왕 시 공
執指爲月枉施功

근 경 법 중 허 날 괴
根境法中虛捏怪

어리석고 또 어리석으니
빈주먹 안에 무엇을 가지고 있다고 잘못 알았네.
손가락에 집착하여 달을 삼으니 그릇 노력을 하고
육근과 육경의 법 가운데서 헛되이 눈을 비비도다.

　예를 들어 어린아이들을 속일 때 빈주먹을 내밀고 "여기에 동전이 몇 개 들어 있는지 맞춰 봐라." 하면, 틀림없이 동전이 있는 것으로 착각하고, 오직 동전이 몇 개 있는지에만 관심을 갖는 것과 같습니다. 이렇게 장치를 몇 개 만들어 놓으면 누구든지 걸려들게 되어 있습니다. 우리도 이와 같아서 어리석게도 그 어떤 방편에 걸려든다는 말입니다.

손가락은 어디까지나 방편에 불과합니다. 경전이나 어록에도 방편의 이야기가 매우 많습니다. 우리는 거기서 심법을 깨달아야 하지만 그 방편에서 벗어나지를 못합니다.

멀쩡한 눈도 그 눈을 누르고 허공을 보면 허공에서 꽃이 생겨 떨어지는 것처럼 보이는 경우가 많습니다. 꽃으로 보는 것도 잘못 보는 것인데, 그 꽃이 어떻게 생겼느냐에 또 관심을 갖게 되면 몇 겹으로 잘못 보게 됩니다.

불 견 일 법 즉 여 래
不見一法卽如來

방 득 명 위 관 자 재
方得名爲觀自在

요 즉 업 장 본 래 공
了卽業障本來空

미 료 환 수 상 숙 채
未了還須償宿債

한 법도 보지 않는 것이 곧 여래이니

바야흐로 이름을 관자재라고 한다.
깨달으면 업장이 본래 공하지만
깨닫지 못하면 모름지기 묵은 빚을 갚아야 한다.

한 법도 보지 않는다는 말은 일체의 차별상이 없다는 뜻입니다. 이를 여래의 경지라 하고 관자재라 한다는 말입니다. 관자재란, '관점이 자재하다. 관찰하는 것이 자유자재하다. 어디에도 걸리지 아니하고, 형식에도 걸리지 아니하고, 형상에도 걸리지 아니하고 자유자재하다'는 말입니다. 그 어디에도 걸림이 없는 여래의 경지, 즉 깨달음의 세계는 업장이라 할 것도 따로 없습니다. 본래 성품이 공하기 때문입니다. 한 마음이 인연 따라 갖가지 모양을 만들 뿐입니다.

우리 업장도 이치만 제대로 알면 세월 따라 저절로 녹게 되어 있습니다. 그런데 그 업장을 억지로 녹이려고 무릎이 닳도록 삼천 배를 하고 온갖 방법을 다 동원하는데, 그것은 업장 녹이는 방법이 아닙니다. 또 다른 새로운 업을 쌓는 일이지요. 아무리 많은 업장을 지었다 하더라도 시간이 가면 저절로 녹게 되어 있습니다. 또한 본래 공한 도리를 알면 더 이상 업 지을 일도 없습니다. 이치를 아는 것, 근본을 아는 것이 중요합니다.

기 봉 왕 선 불 능 손
飢逢王饍不能飡

병 우 의 왕 쟁 득 차
病遇醫王爭得差

재 욕 행 선 지 견 력
在欲行禪知見力

화 중 생 련 종 불 괴
火中生蓮終不壞

용 시 범 중 오 무 생
勇施犯重悟無生

조 시 성 불 우 금 재
早時成佛于今在

배는 고픈데 왕의 음식을 만났으나 먹지를 않으니
병든 사람이 의왕을 만난들 어찌 나을 수 있으랴.
욕심의 상태에 있으면서 선정을 닦는 것은 지견의 힘이니
비유컨대 불 속에서 연꽃이 피는 것과 같아서 마침내 파괴되지
않도다.
용시 비구는 중죄를 범하고도 생사가 없는 도리를 깨달았으니
일찍이 성불하시어 지금도 계신다.

　「증도가」는 우리의 심성을 깨닫고 도를 증득하는 데 있어서 지
름길과도 같습니다. 그런데 '아, 그거 아닌 것 같다', '나는 도저

히 받아들일 수 없다. 그동안 배워 온 불교와는 다르다', '이건 나의 수준에 맞지 않다'고 한다면 이것은 마치, 배가 고프면 왕의 음식이든 거지의 음식이던 무조건 먹어야지, 왕의 음식이라고 겁을 내는 것과 같다는 말입니다. 또한 오랫동안 병으로 고생한 사람이 훌륭한 의사를 만나고 좋은 처방을 받아도 약을 먹지 않으면 소용이 없다는 말입니다. 이 모두는 스스로 중생이라는 상을 만들어 그것에 꺼들리는 결과입니다. 따라서 당신의 주장, 불법에 대한 당신의 이해를 제대로 받아들일 줄 알아야 한다는 말입니다.

그것은 바로 욕심의 상태에 있으면서 선정을 닦으라는 가르침입니다. 이는 참으로 대단한 이야기입니다. 욕망의 상황에 있으면서 선을 행하는 일이야말로 지견의 힘입니다. 욕심 다 버리고, 업장 다 녹이고, 깨끗해진 다음에 참선한다는 말은 천부당만부당한 말입니다. 그와 같은 이치는 없습니다. 욕심을 가지고 있으면서 그 욕심의 힘으로 정진을 하는 겁니다. 거기서 한 소식을 하게 되면 그 지견의 힘은 훨씬 급니다. 아무런 욕심도 없고, 어떠한 꿈도 없고, 하고자 하는 의욕도 없는 정신 상태에서 어떤 경계를 터득했다 하더라도 그것으로 중생을 제도하려는 의욕은 생기지 않습니다.

따라서 욕심이니, 탐진치 삼독이니, 번뇌니 하는 데 신경 쓸 일이 아닙니다. 버리는 공부 따로 하고 그다음에 깨닫는 공부 따로 하는 것이 아닙니다. 욕심이 있으면 있는 대로 두고, 거기에서 욕심을 바탕으로 하여 공부를 해야 된다는 것입니다. 그것은 마치 불 속에서 연꽃이 피는 도리입니다. 불 속에서 연꽃이 피면 끝내 무너지지 않습니다. 선불교의 안목은 바로 이렇습니다. 그래서 박력이 넘치지요. 욕심이 가득 있는 상태에서 참선을 하는 겁니다. 여기에서 눈을 확 뜨는 것이 바로 지견의 힘입니다.

수행자로서 불살생계와 불음계를 범하고도 생멸이 없는 도리를 깨달았다는 용시 비구의 예를 통해 영가 스님은 우리에게 용기를 주고 있습니다. 이 세상 사람들 중에 허물이 없는 사람이 없습니다. 그렇다고 죄의식과 자책에 빠져 헤어나지 못한다면 그것은 더 큰 잘못입니다. 영가 스님은 지난 잘못을 거울 삼아 정진의 밑거름으로 삼아야 한다고 우리를 격려합니다.

사 자 후 무 외 설
獅子吼無畏說

심 차 몽 동 완 피 달
深嗟懞憧頑皮靼

지 지 범 중 장 보 리
只知犯重障菩提

불 견 여 래 개 비 결
不見如來開秘訣

사자후와 같은 두려움 없는 설법이여,
어리석어서 마치 완악한 가죽과 같음을 슬퍼하도다.

다만 중죄를 범하면 보리에 장애가 된다는 사실만 알고
여래가 열어 놓은 그 비결을 보지 못하는구나.

　영가 스님의 기개를 느낄 수 있는 구절입니다. 오랜 세월 헤
매다 깨달음을 성취한 스님의 자신감이 엿보입니다. 영가 스님의
「증도가」는 천하의 둘도 없는 사자후입니다. 그런데 사람들은 마
치 가공하지 않은 쇠가죽처럼 어리석어, 영가 스님의 두려움 없는
당당한 설법을 도무지 알아듣지 못한다는 것입니다. 그러니 이 어
찌 애석한 일이 아닙니까. 더욱이 사람들은 무거운 계를 범하면
깨달음에 장애가 된다고 생각하여 그 길을 포기한다는 겁니다.

　이는 부처님의 가르침과 전혀 관계가 없습니다. 부처님께서
계율을 제정한 목적은 잘못을 따져 벌을 주겠다는 데 있지 않습
니다. 오직 정법의 길로 인도하고 깨달음으로 유도하겠다는 데 있
습니다.

　불교는 일심의 법칙입니다. 죄의 유무와 경중을 따지지 않습
니다. 그 마음의 실상을 꿰뚫어 본래 평등한 법을 알면 그것이 바
로 깨달음입니다.

유 이 비 구 범 음 살
有二比丘犯淫殺

바리 형 광 증 죄 결
波離螢光增罪結

유 마 대 사 돈 제 의
維摩大士頓除疑

환 동 혁 일 소 상 설
還同赫日銷霜雪

두 비구가 있어서 음행과 살인을 범했을 때
우바리 존자의 반딧불 같은 소견은 죄의 매듭만 증장시켰지만
유마 대사는 몰록 의심을 제거한 것이
뜨거운 태양이 서리나 눈을 녹이는 것과 같았네.

　『유마경』의 「제자품」에 나오는 이야기를 사례로 들었습니다.
토굴에서 수행하던 두 비구의 불음계와 불살생계를 어긴 내용입
니다. 죄책감이 든 두 비구는 지계제일 우바리 존자를 찾아가서
참회합니다. 그런데 우바리 존자는 "너희들은 참회가 안 되는 계
를 파했기 때문에 이제 지옥에 떨어진다."고 매우 원칙적으로 이
야기합니다. 이에 두 비구는 크게 낙담하여 자포자기합니다. 수행
자로서의 삶도 자포자기하고, 보통 사람으로서의 삶도 자포자기
합니다. 막가는 인생이 되어 버립니다. 죄의 매듭만 더하게 되는
것이지요.

　두 비구는 유마 거사를 찾아가 보기로 했습니다. 그러고는 지금
까지의 자초지종을 이야기합니다. 유마 거사는 이를 듣고 "너희들
이 중죄를 지었다니까 그 죄업을 가져와 봐라. 그렇게 무거운 죄

때문에 고민을 하고 어찌 할 바를 모른다면, 그 무거운 죄를 가져와 봐라. 죄라고 하는 것은 본래 자성이 없어, 내가 한 생각 일으킴으로부터 생기는 것이 죄다. 마음이 멸할 때 죄업 또한 소멸하는 것이다. 죄도 없어지고 마음도 없어질 때, 이 두 가지가 다 공할 때, 이것이야말로 진실한 참회다."라고 이야기해 줍니다. 두 비구는 이 말을 듣고 봄볕에 서리와 눈이 녹듯 단박에 무거운 마음을 털어 버리게 됩니다. 이 사람들은 죄를 짓고 도통한 겁니다.

12. 해탈력解脫力

부 사 의 해 탈 력
不思議解脫力

묘 용 항 사 야 무 극
妙用恒沙也無極

사 사 공 양 감 사 로
四事供養敢辭勞

만 냥 황 금 역 소 득
萬兩黃金亦銷得

분 골 쇄 신 미 족 수
粉骨碎身未足酬

일 구 요 연 초 백 억
一句了然超百億

불가사의한 해탈의 힘이여,

묘한 작용이 항하의 모래 수와 같아 다함이 없네.

네 가지 공양을 감히 수고롭다고 사양할 것인가.

하루에 만 냥의 황금을 쓴다 하더라도 다 녹일 수 있다.

분골쇄신한다 하더라도 깨닫지 못하면 족히 갚을 수가 없으나

한 구절에 환히 깨달으면 백억 배를 초과하여 은혜를 갚으리라.

깨닫게 되면 아무리 단단한 번뇌의 사슬이라도 단숨에 끊어 버립니다. 언제 어디서나 무엇에도 속박되는 일이 없습니다. 또한 그 오묘한 작용은 헤아릴 수 없습니다. 신비한 해탈의 힘이 아닐 수 없습니다.

'사사공양四事供養'이란, 신도들이 스님께 올리는 음식 · 의복 · 탕약 · 주거의 네 가지 공양물입니다. 신도가 스님께 올리는 의식주에 관한 공양물은 기본적인 것인데, 그것을 수고롭다고 사양할 필요가 없다는 말입니다. 하루에 황금 만 냥을 쓴다 하더라도 다 녹일 수 있는 능력이 있는데, 밥 몇 끼 먹고 옷 한두 벌 얻어 입는 것이 무거운 시주의 은혜라고 벌벌 떨 일이 아니라는 말입니다.

반대로 『자경문』에는 '금생미명심今生未明心 적수야난소滴水也難消'라는 말이 있습니다. 금생에 마음을 밝히지 못하면 한 방울의 물도 소화시키기 어렵다는 말입니다. 깨닫지 못하면 시주의 은혜는 분골쇄신해도 족히 갚을 수 없다는 겁니다.

하지만 깨닫게 되면 백억 배를 초과하여 그 은혜를 갚는다고 했습니다. 『금강경』에서도 『금강경』의 이치 하나를 제대로 이해하면, 그 복덕이 삼천대천세계에 금은보화를 가득 채워 보시하는 것보다도 훨씬 더 뛰어나다고 했습니다. 금은보화라 할지라도 그것은 결국 유한한 것입니다. 하지만 이 평등한 마음의 도리는 무한합니다. 따라서 비교가 되지 않는 것입니다.

법 중 왕 최 고 승
法中王最高勝

항 사 여 래 동 공 증
恒沙如來同共證

아 금 해 차 여 의 주
我今解此如意珠

신 수 지 자 개 상 응
信受之者皆相應

법 가운데 왕이요, 가장 뛰어나니
항하의 모래 수와 같은 여래들이 다 함께 증득하였네.
내가 지금 이 여의주를 풀어놓았으니
믿고 받아 가지는 사람들은 다 상응할 것이다.

불교에서는 깨달은 사람을 모두 법중왕法中王이라고 합니다. 진리를 깨달은 사람이 제일 왕이고, 가장 수승하다는 것이지요.

마음 밖에는 한 물건도 없다는 도리를 영가 스님만 깨달은 것이 아니라 헤아릴 수 없는 역대 조사와 천하의 선지식들이 공히 이러한 도리를 증득했다는 겁니다.

그리고 그 깨달음의 여의주, 즉 「증도가」를 마당에다 가득 풀어놨으니, 믿고 이해하는 사람은 마음껏 한 걸망씩 지고 가라 했습니다. 당시만 해도 영가 스님과 같이 최상승 깨달음에 대해서 반대하거나 비난했던 사람들이 무수히 많았던 시대였습니다.

요요견무일물
了了見無一物

역무인혜역무불
亦無人兮亦無佛

대천사계해중구
大千沙界海中漚

일체성현여전불
一切聖賢如電拂

가사철륜정상선
假使鐵輪頂上旋

정혜원명종불실
定慧圓明終不失

밝게 보고 밝게 보아도 한 물건도 없으니
사람도 없고 부처도 없더라.
삼천대천세계가 바다 가운데 물거품이요
일체의 성현도 번갯불이 번쩍하는 것이로다.
가령 쇠바퀴가 머리 위를 지나간다 해도
내가 깨달은 정과 혜는 원명해서 마침내 잃지 않도다.

　여기서부터는 「증도가」의 결론에 해당합니다. 일심의 자리, 본래
마음의 자리는 그 어떠한 차별상이 없어 실상을 훤하게 꿰뚫어 보
면 아무것도 없다는 말입니다. 사람이니 부처니 하는 것도 편의상

펼쳐 놓은 하나의 이름에 불과할 뿐, 실재하지 않는 허상입니다. 사람과 부처만 그런 것이 아니라 모든 존재가 마치 물거품처럼 따로 존재하지 않는다는 말입니다. 일체 성현도 마찬가지라고 했습니다. 모든 성인과 현인이 이 세상에 나와서 참 큰 역할을 했음에도 불구하고 그 또한 영가 스님의 안목으로 바라볼 때는 번갯불이 번쩍하는 것하고 하나도 다를 바 없더라는 것이지요.

하나의 성품자리는 생멸이 없기 때문에 잃고 얻음이 없습니다. 따라서 죽음의 공포가 닥쳐도 선정과 지혜가 항상 고요하게 빛날 것이라고 자신했던 것이지요. 이것은 영가 스님 스스로 실상을 꿰뚫는 성품자리를 확연히 보았기 때문에 가능한 이야기입니다. 스스로 체험하지 아니하면 떠오르지 않기 때문에 거짓말을 할 수가 없습니다.

일 가 냉 월 가 열
日可冷月可熱

중 마 불 능 괴 진 설
衆魔不能壞眞說

상 가 쟁 영 만 진 도
象駕崢嶸漫進途

수 당 랑 능 거 철
誰螳螂能拒轍

해가 차갑게 되고 달이 뜨겁게 되는 세상이 온다 하더라도
뭇 마구니는 이 진리의 설법을 능히 무너뜨리지 못할 것이다.
코끼리에 수레를 메어 위풍당당하게 길을 가는데
어떤 당랑이 그 길을 막을 수 있겠는가.

　세상이 뒤바뀐다 하더라도 영가 스님이 주장하는 내용을 아무도 무너뜨리지 못한다는 말입니다. 이는 가섭 존자로부터 달마 대사에게 이르고, 달마 대사에서부터 6조 혜능으로 내려온 그 법을 이어받았다는 것 아닙니까. 그 법을 이어받고 보니까 그야말로 호랑이에게 날개가 달린 셈이지요. 특히, 6조 스님으로부터 인증을 받고 자기가 살던 곳으로 돌아오면서 그 마음을 그대로 표현한 것이 「증도가」이니 얼마나 기분이 좋았겠습니까. 그야말로 코끼리가 위풍당당하게 앞으로 나아가는 것과 같습니다. 영가 스님의 앞길을 막는 것은 마치 버마재비가 수레를 막는 것과 같다는 것이지요. 그래 봐야 깔려서 가루가 되고 맙니다.

대 상 불 유 어 토 경
大象不遊於兔徑

대 오 불 구 어 소 절
大悟不拘於小節

막 장 관 견 방 창 창
莫將管見謗蒼蒼

미 요 오 금 위 군 결
未了吾今爲君訣

큰 코끼리는 토끼의 길에서 놀지 않고
크게 깨달은 사람은 작은 절개에 구애받지 않는다.
좁은 소견을 가지고 창창히 비방하지 말라.
깨닫지 못했으니 내가 지금 그대들을 위해서 해결해 주노라.

　여러 번 말씀드리지만 영가 스님은 당신이 처한 상황에 어려움
이 많았습니다. 그때만 하더라도 선종이 크게 득세하지도 못했고,
그저 겨우 곁방살이를 할 정도였습니다. 더욱이 어머니를 모시고
야승의 집에서 살았습니다. 그러한 이유로 깨달음의 지견과 그 깨
달음을 표현하는 표현력과 문장이 참으로 뛰어난데도 불구하고
사람들로부터 지탄받을 수밖에 없었습니다. 그렇지만 영가 스님
은 그것을 개의치 않았습니다.
　큰 코끼리는 대승 보살을 비유하고 토끼는 이승을 비유한 말
입니다. 소절小節, 즉 작은 절개는 편협한 계율관을 의미합니다.
이 모두가 당시 상황을 염두하고 표현했다고 볼 수 있습니다. 영
가 스님은 그와 같은 좁은 소견으로 심하게 비방하지 말라고 했습
니다. 비방을 해 봤자 소용없으며 스스로 구업만 짓게 되지요.

영가 스님은 존재의 실상, 여래의 참된 뜻을 모르는 사람들을 위해 이 「증도가」로 하나의 성품을 남김없이 설파해 의심을 해결해 주었다는 것입니다.

「증도가」는 제가 많이 애착하던 내용이기도 하지만, 다시 한 번 음미해 보니 참으로 위대한 가르침이고 정말 세상에 둘도 없는 '내가 스스로 깨달은 노래, 다른 사람이 이 노래를 부르면 깨달을 수도 있는 노래'라는 생각이 듭니다.

대
승
찬
특
강

지공 스님의 「대승찬」에 대하여

「대승찬大乘讚」은 중국 위진 남북조 시대의 지공誌公 스님이 황제에게 바친 글로 알려져 있습니다. 달마 스님과 동시대 인물인 지공 스님은 그 행적이 아주 기이합니다. 달마 스님이 양무제를 만나지만 양무제가 스님의 말을 깨닫지 못하자 달마 스님은 양나라를 떠나게 됩니다. 이에 무제가 지공 스님에게 달마 스님에 대해 물었습니다.

"그 사람 도대체 어떤 사람이냐?"

"그분은 관세음보살님입니다."

"아, 그래. 내가 몰라봤다. 그러면 얼른 가서 다시 모시고 와야겠다."

"그러지 마십시오. 천하 사람이 다 간다 하더라고 돌아오지 않을 분입니다."

이와 같이 지공 스님은 달마 스님을 꿰뚫어 보는 뛰어난 도인이고, 시와 문장에도 매우 뛰어났습니다. 스님이 기이한 신통력으로

백성들을 혹세무민한다는 이유를 들어 제나라 무제는 지공 스님을 옥에 가두기도 하지요.

지공 스님은 418년에 탄생하셔서 514년에 열반하셨습니다. 따라서 삼대 선시의 저자 중에서 지공 스님의 역사가 제일 깊지요. 다음이 3조 승찬 대사이며, 그다음이 6조 혜능 대사의 제자인 영가 스님 순입니다.

「대승찬」에는 상식을 뛰어넘는 선불교의 고준한 안목이 잘 나타나 있습니다. 여기에서의 대승大乘은 우리가 소위 말하는 소승·대승 차원의 말이 아닙니다. 선불교에서는 '열반'이라 하더라도 유여열반·무여열반과 같은 교학적인 열반이 아니라, 최고의 경지를 말합니다. 대승이라는 말도 마찬가지로 선불교의 최고 경지를 표현한 말입니다.

「대승찬」은 그야말로 '최고 가는 가르침, 최상승의 가르침을 찬탄하다'라는 뜻입니다. 여기서 최상승의 가르침이란 지공 스님이 본 선禪적인 견해, 아주 투철한 깨달음에 의한 선적인 견해를 피력한 것입니다.

大道常在目前
대 도 상 재 목 전

雖在目前難覩
수 재 목 전 난 도

큰 도는 항상 눈앞에 있으나

비록 눈앞에 있어도 보기는 어렵다.

「대승찬」은 여섯 자, 「증도가」는 일곱 자, 「신심명」은 넉 자로 한 행이 구성되었습니다. 이렇게 보면 글의 형식도 재미있습니다.

「신심명」에서는 '대도'를 '지도무난至道無難'이라 했습니다. 「대승찬」에서는 '대도상재목전大道常在目前'이라 하고 있습니다. 「신심명」 특강 때 '지극한 도'란 참된 삶, 진정한 행복, 가치 있는 삶이라고 했습니다.

「대승찬」에서 도는 항상 목전目前에 있다고 했습니다. 비록 목전에 있으나 그 도를 보는 사람은 드물지요. 아마 도를 본 사람은 아무도 없을 겁니다. 그렇다 하여도 일단 도란 목전에 있다는 사실을 우리가 믿고 따르면 됩니다. 다음과 같은 게송이 전해 옵니다.

진일심춘불견춘(盡日尋春不見春)

망혜변답롱두운(芒鞋遍踏隴頭雲)

귀래우과매화하(歸來偶過梅花下)

춘재지두이십분(春在枝頭已十分)

하루 종일 봄을 찾아 다녀도 봄을 보지 못하고

짚신이 다 닳도록 언덕 위의 구름 따라 다녔네.

빈손으로 돌아와 우연히 매화나무 밑을 지나는데

봄은 이미 매화 가지 위에 한껏 와 있었네.

약 욕 오 도 진 체
若欲悟道眞體

막 제 성 색 언 어
莫除聲色言語

만약 도의 참된 본체를 깨닫고자 하면
소리와 형색과 언어를 제거하지 말라.

우리는 보통 '언어도단言語道斷', 즉 '언어의 길이 끊어진 그 자리에 도가 있다'고 하는데, 여기서는 '성색언어聲色言語', 즉 '듣고, 보고, 말하는 것' 밖에 따로 도가 없다고 말합니다. 황벽 스님의 『전심법요』에서도 '견문각지見聞覺知', 즉 '보고, 듣고, 느끼고, 아는 그 마음'이 본래심이라 말하고 있습니다. 귀에 들리는 일체 소리를 제외하고 눈에 보이는 모든 현상을 떠나서 무슨 도가 있겠습니까? 부처님과 역대 조사 스님들도 언어를 떠나서 설명하지 않았습니다.

언 어 즉 시 대 도
言語卽是大道

불 가 단 제 번 뇌
不假斷除煩惱

언어가 그대로 큰 도이니
번뇌를 끊어 제거하려고 하지 말라.

　지공 스님의 가르침은 그동안 우리가 들어온 이야기와는 전혀
다릅니다. 언어가 그대로 큰 도라는 견해가 아주 기상천외합니다.
사실은 말 외에 다른 무엇이 더 있습니까? 말로써 자기가 터득한
도를 표현하고 드러내는 것이지요.

　언어가 도인데, 번뇌야 두말할 필요가 없습니다. 말이 도라면
그 말은 번뇌로부터 나왔으니, 말의 어머니는 번뇌라는 말입니다.
번뇌야말로 진짜 도이지요. 그러니 번뇌를 끊으려고 하지 말라는
겁니다.

번뇌본래공적
煩惱本來空寂

망정체상전요
妄情遞相纏繞

번뇌는 본래 텅 비고 고요하지만
망령된 생각이 번갈아 서로 얽히고설키는도다.

어둠은 본래 실체가 없습니다. 어둠은 어떤 특정 공간에 해가 비추지 않거나 불이 꺼졌을 때 나타나는 현상입니다. 즉, 조건과 환경에 의해 일어나는 것일 뿐이라는 말입니다. 번뇌도 마찬가지입니다. 우리의 마음은 본래 공적한데 망령된 생각이 일어나면 그것이 번뇌입니다. 번뇌라는 실체가 있어서 사라졌다 나타났다 하는 게 아니라는 말입니다. 번뇌는 우리 마음이 집착이나 분별에 의해 얽히고설킨 결과입니다. 「신심명」에서 말하는 간택, 증애, 순역, 위순, 취사, 유공, 지동, 근경, 적조, 진망 등의 마음 작용이 그것입니다. 따라서 괜히 있지도 않은 '마음의 번뇌'를 벗어 버려야 한다며 애써 찾을 필요가 없습니다.

일 체 여 영 여 향
一切如影如響

부 지 하 오 하 호
不知何惡何好

모든 것은 그림자 같고 메아리 같으니
무엇이 싫고 좋은지를 알지를 못하도다.

　'일체'란 「신심명」에서 말하는 '일체이변一切二邊', 즉 주객, 선악, 시비, 능경 등 상대적으로 분별하는 마음을 말합니다. 분별 망상에 의한 마음은 그 실체가 없기 때문에 모두 그림자나 메아리 같다는 말입니다. 그림자와 메아리에 불과한 허상을 가지고 싫어하거나 좋아할 이유가 없습니다. 번뇌와 보리, 부처와 중생뿐만 아니라 육신, 재산, 명예 등 모두가 해당됩니다.

有心取相爲實

정 지 견 성 불 요
定知見性不了

마음을 가지고 모양을 취하여 진실로 여기면
결코 견성할 수 없음을 반드시 알아야 한다.

우리는 내가 하는 일이나 부귀공명 혹은 명예와 같이 나와 관계한 모든 것에 대하여 '무너지지도 않고 흩어지지도 않는 실다운 것'이라고 생각하며 삽니다. 어떤 형상을 취하는 것이지요. 그렇게 되면 형상에 꺼들리고 집착하게 되어 본래 마음자리를 보지 못하게 됩니다. 즉, 결코 견성할 수 없다는 말입니다. 『금강경』에도 이와 관련한 사구게가 있습니다.

범소유상(凡所有相)
개시허망(皆是虛妄)
약견제상비상(若見諸相非相)
즉견여래(卽見如來)

무릇 형상이 있는 것은
모두 다 허망한 것이니
상을 상이 아닌 줄로 보면
즉시 여래를 볼 수 있다.

약 욕 작 업 구 불
若欲作業求佛

업 시 생 사 대 조
業是生死大兆

업을 지어 부처를 구하려 한다면
업이 바로 생사의 큰 조짐이다.

「대승찬」에서 후대의 조사 스님들이 제일 많이 인용하고 있는 구절입니다. 업이라고 하는 것이 뭡니까? 보통 업이라 하면 악업이나 중생업만을 생각합니다. 그러나 여기에서 업의 의미는 다릅니다. 대승의 차원에서는 악업과 중생업만이 아니라 선한 일도 선업이요, 불보살의 행을 해도 불보살업을 짓는 일로 일체 모든 행이 업입니다.

「증도가」의 '구불시공조만성求佛施功早晩成', 즉 '부처가 되기 위해서 공을 베푼들 언제 이루겠는가?'라는 말과 같은 의미입니다. 따라서 참선, 기도, 염불, 육도만행 등 팔만사천 방편문의 업을 지어서 부처를 구할 수 없다는 것이며, 오히려 생사에 빠져드는 원인이 된다는 말입니다.

생 사 업 상 수 신
生死業常隨身

흑 암 옥 중 미 효
黑闇獄中未曉

생사의 업이 항상 몸을 따르니

캄캄한 옥 가운데서 밝지 못하도다.

　불교는 바른 견해 즉, 중도정견의 입장이 가장 중요합니다. 자기가 원만구족한 본래 부처인 줄 알아야 합니다. 도를 닦아서, 복을 지어서 '부처가 된다', 즉 팔만사천 방편의 업을 통해 부처를 구한다면 그것은 틀린 겁니다. 선불교에서는 일관되게 이렇게 말하고 있습니다. 「증도가」에서도 '주상보시생천복住相布施生天福 유여앙전사허공猶如仰箭射虛空', 상에 머물러서 보시를 행하는 것은 하늘에 나는 복이니 마치 하늘을 향해서 화살을 쏘는 것과 같다고 했습니다. 부처라는 모양을 취하고 또 그것을 구하려는 행위가 이와 같다는 말입니다. 본래 부처라는 말은 '사람이 부처님이다. 당신은 부처님입니다'와 같은 의미입니다. 그래서 불교의 궁극적 사상은 인불사상이라고 할 수 있습니다.

오 리 본 래 무 이
悟理本來無異

각 후 수 만 수 조
覺後誰晚誰早

이치를 깨달으면 본래로 다름이 없으니
깨달은 뒤에 누가 늦고 누가 빠르겠는가.

깨닫기 전에는 선후가 있습니다. 선배도 있고 후배도 있고, 선불 후불이 있으며, 부처님과 중생이 있습니다. 그런데 깨닫고 나면 그런 것이 모두 무너져 버립니다. 깨달음의 세계는 시공을 초월하기 때문에 선후가 없습니다. 석가모니 부처님이나 내가 똑같습니다. 우리 본래 마음의 위치가 그렇다는 말입니다. 황벽 스님의 가르침을 담은 『전심법요』에 다음과 같은 구절이 있습니다.

이 마음의 도리를 깨닫는 길은 느리기도 하고 빠르기도 하나니, 누군가는 법문을 듣고 일순간에 무심을 얻는 사람도 있으며, 어떤 이는 십신, 십주, 십행, 십회향에 이르러서 무심을 얻는 사람이 있으며, 어떤 이는 십지에 이르러서 비로소 무심을 얻는 사람이 있다. 길고 짧건 무심을 얻어야 비로소 안주하는 것이니 더 이상 닦고 수행하고 증득하는 것이 없으며 실로 아무것도 얻을 것이 없으니 진실해서 헛되지 않다. 한순간에 얻은 것과 십지를 거쳐서 얻은 것은, 그 공덕은 같으며 다시 깊고 얕음의 차이는 없나니, 깨닫지 못한다면 긴 세월 지나도록 잘못 고생했을 따름이다.

법 계 양 동 태 허
法界量同太虛

중 생 지 심 자 소
衆生智心自小

진리의 세계는 허공과 같으나

중생이 지혜를 쓰는 마음이 스스로 작네.

진리의 세계는 허공과 같이 큰데 우리가 활용하여 쓰는 마음이 작다는 뜻입니다. 우리의 본래 마음자리는 허공과 같아서 지혜의 작용도 한이 없습니다. 그런데 상에 꺼들리고 분별 망상에 집착하여 지혜를 온전히 발현하지 못할 뿐입니다. 황벽 스님은 『전심법요』에서 다음과 같이 가르치고 있습니다.

유차일심즉시불(唯此一心卽是佛)

불여중생갱무별이(佛與衆生更無別異)

단시중생착상외구(但是衆生著相外求)

구지전실(求之轉失)

오직 이 한마음이 곧 부처이니

부처와 중생이 다시 다른 것이 아니거늘,

다만 중생이 상에 집착해서 밖으로 구하므로

구할수록 더욱 멀어진다.

단 능 불 기 오 아
但能不起吾我

열 반 법 식 상 포
涅槃法食常飽

다만 능히 나다, 나다, 하는 소견을 일으키지 않으면
열반의 법 음식으로 항상 배가 부르리라.

자나 깨나 '나다', 가나 오나 '나다', 앉으나 서나 '나다' 하는 그
자아의식自我意識 때문에 도를 통하지 못하다는 말입니다. 이 세
상의 괴로움은 '나'가 있다는 데서 시작합니다. '나'의 문제가 근본
뿌리입니다. 뿌리만 해결되면 가지를 치고 잎을 따는 것은 큰 문
제가 되지 않습니다. 따라서 내 마음속의 차별, 분별, 간택, 증애
만 없애면 바로 열반입니다. 진정한 자유와 평화의 삶입니다.

망 신 임 경 조 영
妄身臨鏡照影

영 여 망 신 불 수
影與妄身不殊

허망한 몸을 거울 앞에서 그림자를 비추나

그림자나 허망한 몸이나 다르지 않네.

우리는 보통 거울에 비친 나와 거울 앞에 선 내가 다르다고 생각합니다. 거울에 비친 나는 거짓된 것이라고 생각하지요. 그런데 지공 스님은 거울에 비친 것이니 기울 앞에 선 나나 다르지 않다고 말씀하십니다.

이는 모든 존재의 상대적인 관계를 지적합니다. 진망을 구분한다는 것입니다. 그런데 깨달은 분의 안목으로는 거울 속 그림자나 거울 밖 몸이나 모두 허상이라는 말입니다.

단 욕 거 영 유 신
但欲去影留身

부 지 신 본 동 허
不知身本同虛

다만 그림자를 제거해 버리고 몸만 남기려 한다면
몸의 근본이 텅 빈 것과 같음을 알지 못한다.

공을 이해하는 견해 중에는 종국에는 모든 존재가 사라진다는 '필경공'과 하나하나 분해하면 결국은 없다는 '분석공'이 있습니다. 그런데 「대승찬」에서의 공은 시간의 경과나 사물의 분석으로 이해하는 공이 아니라 있는 그대로를 공으로 보는 것입니다. 이를 당체즉공當體卽空이라고 합니다. 그런데 우리들은 거울에 있는 그림자나 거울 앞에 있는 내가 텅 비어 있다는 사실을 모른다는 것이지요.

신 본 여 영 불 이
身本與影不異

부 득 일 유 일 무
不得一有一無

몸은 본래 그림자와 다르지 않으니
하나는 있게 하고 하나는 없게 할 수가 없다.

몸뚱이나 거울에 비친 그림자나 똑같이 본래 공합니다. 연기적 관계, 혹은 시간의 경과에 따라 이해되는 공이 아닙니다. 지공 스님은 모는 존재의 본실석 속성인 공을 이야기하고 있습니다.

존재의 실상을 꿰뚫어 보는 깨달음의 안목으로 보면, 몸의 근본은 그림자와 전혀 다르지 않다는 말입니다. 거울에 비친 나의 그림자만 그림자인 것이 아니라, 이 육신 또한 그림자라는 말입니다.

약 욕 존 일 사 일
若欲存一捨一

영 여 진 리 상 소
永與眞理相疎

만약 하나는 두고 하나를 버리려 한다면
영원히 진리와는 서로 어긋나리라.

본래 마음자리는 허공과 같이 텅 빈 하나입니다. 상대적으로 형
성되어 있는 것이 결국 하나라는 뜻입니다. 따라서 시비, 증오, 선
악으로 하나를 취하고 또 다른 하나를 버리면 영원히 참 이치와는
멀어지게 됩니다. 즉, 이 몸뚱이와 거울에 비친 그림자가 본래 하
나라는 사실을 알아야 한다는 말입니다.

갱 약 애 성 증 범
更若愛聖憎凡

생 사 해 리 부 침
生死海裏浮沈

또한 성인을 좋아하고 범부를 싫어하면
생사의 바다 속에서 떴다 가라앉았다 하리라.

사실은 이 이야기를 하려는 것이지요. 「신심명」에서의 '단막증
애但莫憎愛 통연명백洞然明白', 다만 좋아하고 싫어하는 마음만 없으
면 환하게 밝을 것이라는 말과 같습니다.

성인은 좋아하고 범부는 싫어한다는 '애성증범愛聖憎凡', 즉 '간
택, 증애, 순역, 위순, 취사, 유공, 지동, 근경, 적조, 진망' 등의
심리 상태가 바로 생사의 윤회를 계속하는 것과 같다는 말입니다.

번뇌인심유고
煩惱因心有故

무심번뇌하거
無心煩惱何居

번뇌는 마음을 말미암아 있기 때문에
마음이 없다면 번뇌가 어디에 있겠는가.

존재는 본래 공하기 때문에 번뇌 역시 공입니다. 번뇌는 앞에서
이야기했듯이 망령된 정으로 서로서로 얽혀 있습니다.

원효 스님은 '심생즉종종법생心生卽種種法生', 즉 마음이 일어나
니 온갖 법이 일어난다고 했습니다. 마음이나 법이나 모두 번뇌입
니다. 팔만사천의 번뇌가 모두 한 생각에서 일어납니다. 따라서
마음이 없어져 무심할 것 같으면, 즉 분별, 망심 등이 없으면 번뇌
역시 있을 수 없다는 말입니다. 『전심법요』에는 다음과 같은 내용
이 있습니다.

무심이란 일체의 마음자리가 없는 것이다. 여여한 체가 안으
로는 목석과 같아서 움직이지 않고 흔들리지 않으며, 밖으로

는 허공과 같아서 막힘이 없고 장애가 없으며, 능소도 없고, 방소도 없으며, 모양도 없고, 득실도 없다.

불로분별취상
不勞分別取相

자연득도수유
自然得道須臾

애써 분별하여 모양을 취하지 않으면
저절로 도를 얻음이 잠깐 사이리라.

　제가 「신심명」 구절을 자주 인용합니다만, 그중에서도 가장 좋
아하는 구절이 '몽환공화夢幻空華 하로파착何勞把捉', '꿈이요, 환이
요, 헛꽃인 것을 어찌 수고로이 잡으려 하는가?'입니다.
　상을 취한다는 말은 '좋다, 싫다', '있다, 없다' 등 나름대로 어
떤 기준을 설정하고 그 기준에 맞춘다는 의미입니다. 『금강경』에
서도 '일체유위법一切有爲法 여몽환포영如夢幻泡影 여로역여전如露亦
如電 응작여시관應作如是觀'이라 했습니다. 상을 취하지 말라는 말
입니다. 어떠한 분별과 집착을 떠나면, 바로 그 순간 도와 계합합
니다.

몽 시 몽 중 조 작
夢時夢中造作

교 시 교 경 도 무
覺時覺境都無

꿈꿀 때에는 꿈속에서 조작하지만
깨어난 때에는 깨어난 경계가 전혀 없다.

『삼국유사』에 '조신의 꿈'이라는 이야기가 수록되어 있습니다. 하룻밤 꿈속에서 천신만고를 겪으며 일생을 산 이야기로, 깨고 나면 아무것도 없이 허망함을 깨닫는 이야기입니다. 김동인은 이를 소재로 소설을 쓰기도 했습니다.

꿈꿀 때는 꿈속에서 이것저것 별것을 다합니다. 벼슬도 하고 사람도 만나고 일도 하고 공부도 합니다. 하지만 꿈을 깨고 나면 아무것도 없습니다. 그러니 참 허망한 것이지요.

번 사 교 시 여 몽
翻思覺時與夢

전 도 이 견 불 수
顚倒二見不殊

돌이켜 생각해 보면 깨어 있을 때도 또한 꿈과 같으니
뒤바뀐 두 견해가 다르지 않구나.

흔히 살아 있는 동안, 깨어 있을 때를 일컬어 생시라는 말을 씁니다. 하지만 생시라는 이 사실도 꿈이나 다를 바 없습니다. 하룻밤 꿈이지요. 그래서 불교에는 꿈에 대한 비유가 많고, 꿈 이야기가 많습니다. 꿈과 현실 모두 실재하지 않는 공한 것으로 보는 것입니다. 따라서 꿈과 현실이 다르다고 생각하는 것은 전도된 생각입니다. 서산 스님은 꿈에 대해 이런 시를 남겼습니다.

주인몽설객(主人夢說客)
객몽설주인(客夢說主人)
금설이몽객(今說二夢客)
역시몽중인(亦是夢中人)

주인은 나그네에게 꿈 이야기를 하고
나그네는 주인에게 꿈 이야기를 한다.
지금 꿈 이야기하고 있는 두 사람
역시 꿈속의 사람들이네.

개 미 취 각 구 리
改迷取覺求利

하 이 판 매 상 도
何異販賣商徒

어리석음을 고쳐 깨달음을 취해 이익을 구하면
장사하는 무리와 무엇이 다르랴.

　지공 스님께서 참으로 중요한 말씀을 하셨습니다. 예를 들어 참선 수행을 하고, 기도를 하고, 어떤 행사를 통해 이익을 구하려고 할 것 같으면 장사꾼과 뭐가 다르겠냐는 뜻입니다. 만약에 공부를 해서 '깨달음을 얻었다' 하여 그것으로 어떤 세속적인 이익인 명예와 부를 구하려고 한다면 그 도인은 장사꾼에 불과합니다.

　부처님께서도 『능엄경』에서 이와 같은 말씀을 하셨습니다. 부처님께서 말씀하시되, '운하적인云何賊人이 가하의복假我衣服하고 패판여래稗販如來하야 조종종업造種種業고', 즉 '어찌하여 도둑들이 나의 옷을 빌려 입고, 부처를 팔아서 가지가지 나쁜 업을 짓느냐?'고 하셨습니다.

동 정 양 망 상 적
動靜兩亡常寂

자 연 계 합 진 여
自然契合眞如

움직임과 고요함이 모두 없어 항상 고요해지면
저절로 진여에 계합하리라.

　불교의 단편 중에서 최고 가는 글이 청량 스님의 『화엄경』 서문
에 해당하는 「왕복서往復序」입니다. 「왕복서」 첫 구절이 '왕복往復이
무제無際나 동정動靜은 일원一源이라', 즉 '가고 오는 것은 끝이 없
지만, 움직이고 고요한 그 근원은 하나다'입니다. '동정양망상적動
靜兩亡常寂'과 같은 말입니다. 동動과 정靜은 항상 근본은 하나이며,
가고 오는 것은 끝이 없습니다. 죽고 태어나고, 태어나고 또 죽
고, 봄이 가고 여름이 오고, 여름 가고 가을 오고, 가을 가고 겨울
오고, 겨울 가고 봄이 오는 등 춘하추동春夏秋冬은 끊임없이 바뀝
니다. 생주이멸生住異滅로 바뀌고, 생로병사生老病死로 바뀌고, 성
주괴공成住壞空으로 바뀝니다.
　동정은 상대적인 견해에 꺼들린다는 의미를 포함하고 있습

니다. 상대적인 세계관은 분별, 시비, 갈등을 불러일으킵니다. 따라서 이러한 상대의 세계를 벗어나기만 하면 저절로 괴로움과 고통으로부터 벗어날 수 있습니다. 즉, 진정한 자유와 평화의 행복한 삶을 살 수 있다는 말입니다.

약 언 중 생 이 불
若言衆生異佛

초 초 여 불 상 소
迢迢與佛常疎

만약 중생이 부처와 다르다고 말하면
멀고 멀어서 부처와는 항상 멀리라.

저는 '심불급중생 시삼무차별心佛及衆生 是三無差別'이라는 게송을 『화엄경』을 이해하는 열쇠 중의 하나로 삼고 있습니다. 우리 마음이나 부처니 중생이나 다 차별이 없다는 말입니다. 지공 스님의 말씀도 이와 같습니다. 부처와 중생이 다르다고 한다면, 부처는 부처이고 중생은 중생일 뿐 영원히 평행선을 달릴 수밖에 없습니다.

불 여 중 생 불 이
佛與衆生不二

자 연 구 경 무 여
自然究竟無餘

부처와 중생이 둘이 아니며
자연히 구경에는 다름이 없다.

부처와 중생이 그야말로 부처인 중생이고, 중생인 부처입니다.
다른 말로 하면 오직 사람일 뿐입니다. 단지 사람일 뿐인데 편의
상 중생, 부처, 성인, 범부라는 이름을 붙여서 부를 뿐입니다. 그
냥 부르는 것이지요. 본질의 측면에서는 그 누구도 우월하거나 열
등한 차별상이 없습니다.

법 성 본 래 상 적
法性本來常寂

탕 탕 무 유 변 반
蕩蕩無有邊畔

법성은 본래 항상 고요하고
넓고 넓어서 끝이 없다.

　여기에서 말하는 법은 모든 존재를 일컫습니다. 사물뿐 아니라 소리와 향기, 변화와 작용 등 일체를 뜻합니다. 그런데 그와 같은 모든 존재는 본래 항상 고요하고 그 넓이는 끝이 없다고 했습니다. 이는 세상의 이치를 꿰뚫는 안목의 입장입니다. 상대적인 분별의 세계관으로 인한 시비, 갈등, 번뇌의 삶을 여읜 자리를 말하고 있습니다. '수처작주隨處作主 입처개진立處皆眞'의 삶입니다. 어느 곳에 있든 주체적으로 살면, 서 있는 그곳이 바로 진리라는 것이지요.

안 심 취 사 지 간
安心取捨之間

피 타 이 경 회 환
被他二境回換

편안한 마음으로 취하고 버리는 사이에
저 두 가지 경계에 휘말리는구나.

취사取捨, 즉 취하고 버리는 마음은 도의 가장 큰 장애라고 했습니다. 마음에 드는 것은 취하고 마음에 들지 않는 것은 버리는 것이 우리의 일상생활입니다. 취사선택의 일상생활은 분별 망상의 삶입니다. 바깥 경계에 꺼들리게 되어 휘말리고, 집착하고, 빠지고, 좇는 삶입니다. 당나라 때의 선승 임제 의현의 가르침을 담은 『임제록』에 '촉비양觸鼻羊'이라는 말이 있습니다. 코가 닿으면 뭐든지 먹어 치우는 양으로, 중생의 삶을 비유한 말입니다. 그래서 「신심명」에서는 도의 가장 큰 걸림돌이 바로 '간택揀擇'하는 마음이라고 했습니다.

斂容入定坐禪

攝境安心覺觀

용모를 가다듬고 선정에 들어

경계를 거둬들이고 마음을 안정시켜 관찰하지만

'염용斂容'은 가사와 장삼을 반듯하게 걸쳐 입고, 방석도 가지런히 하고, 자세를 가다듬는다는 뜻입니다. 그렇게 하여 선정에 들어서 경계를 좇던 마음을 거둬들이고 각관을 한다고 했습니다. '각관覺觀'이란 호흡을 살피는 것, 망상을 살피는 것 등을 뜻합니다. 그렇게 모양을 갖춰 관법 수행을 한다는 말입니다.

기 관 목 인 수 도
機關木人修道

하 시 득 달 피 안
何時得達彼岸

나무로 만든 꼭두각시가 도를 닦는 것과 같으니
언제 피안에 도달할 수 있겠는가.

지공 스님이 살았던 시대는 달마 스님이 살았던 시대와 같습니다. 따라서 이 당시는 화두선이 생기기 훨씬 이전입니다. 달마 스님께서 '관심일법觀心一法 총섭제행總攝諸行'이라 했듯이 이때의 선법禪法은 '마음이 무엇인가?'를 앉아서 관찰하는 수행법이었습니다.

앞에서 말한 '염용입정좌선斂容入定坐禪 섭경안심각관攝境安心覺觀', 수행을 하나 그것은 꼭두각시가 도를 닦는 것과 같다고 했습니다. 마치 조각해 놓은 사람이 도 닦는 것과 같습니다. 그 사람들이야 도를 잘 닦습니다. 하루 종일 아니 10년, 20년 앉아 있으라 해도 그 자리에 그냥 앉아 있습니다. 숨도 한 번 안 쉬고 그냥 앉아 있습니다. 다리 저린다는 소리도 하지 않습니다. 배고프다는 소리도 없습니다. 나무를 깎아서 앉혀 놨으니 그럴 수밖에 없습니다. 그것이 무슨 도라고 할 수 있겠느냐는 말입니다. 그와 같은 것에 집착하지 말라는 말입니다. 수레가 가지 않고 있으면 '소를 때려야 옳으냐, 수레를 때려야 옳으냐?'에 바로 열쇠가 있습니다.

제 법 본 공 무 착
諸法本空無著

경 사 부 운 회 산
境似浮雲會散

모든 법은 본래 공해서 집착할 것이 없고
경계는 뜬구름같이 모였다가 흩어진다.

제법諸法, 즉 일체 유무위의 법은 본래 공하다고 했습니다. 본래 공하다는 것은 시간의 흐름에 따라, 혹은 공간의 이동에 따라 변화하는 공을 의미하지 않는다고 했습니다. 그 자체 그대로 공이라는 의미입니다. 본래 공이기 때문에 집착할 그 무엇도 없습니다. 바깥 경계는 다만 인연에 따라 모였다 흩어질 뿐입니다. 역시 서산 스님께서 이와 관련한 좋은 시를 한 편 남기셨습니다.

생종하처래(生從何處來)
사향하처거(死向何處去)
생야일편부운기(生也一片浮雲起)
사야일편부운멸(死也一片浮雲滅)

부운자체본무실(浮雲自體本無實)

생사거래역여연(生死去來亦如然)

삶은 어디서 왔는가.

죽음은 어디로 가는가.

삶은 한 조각 구름이 일어남이요,

죽음은 한 조각 구름이 사라짐이라.

뜬구름 자체가 본래 아무것도 없듯이,

삶과 죽음의 오고 감 또한 그러하리.

홀 오 본 성 원 공
忽悟本性元空

흡 사 열 병 득 한
恰似熱病得汗

본성이 원래 공임을 문득 깨달으면
마치 열병에 걸린 사람이 땀을 낸 것과 같다.

열병은 땀을 흠뻑 흘리면 씻은 듯 낫습니다. 깨달음도 마찬가
지입니다. 본성이 공한 줄 알면, 마치 열병이 없어져 가뿐하고 시
원해지듯이, 얽히고설킨 게 모두 풀려 버린다는 말입니다. 당나라
때 스님인 대주 혜해 선사는 『돈오입도요문론』에서 선정을 다음과
같이 말하였습니다.

망념이 생기지 않는 것이 선이고 앉아서 본성을 보는 것이
정이니, 본성이란 무생심이다. 정이란 경계를 대함에 무심하
여 팔풍에 움직이지 않는 것이니, 이러한 정을 얻은 사람은
비록 범부일지라도 곧바로 부처님 지위에 들어간다.

무 지 인 전 막 설
無智人前莫說

타 이 색 신 성 산
打爾色身星散

지혜 없는 사람 앞에서 말하지 말라.

그대를 두들겨 패서 산산이 흩어 버리게 되리라.

인생의 의미와 가치, 궁극의 행복의 길은 이를 어느 정도 이해할 수 있는 사람에게 이야기해야 합니다. 그렇지 않으면 비웃음을 사거나 오히려 삿된 무리로 치부될 수 있습니다. 이해하지 못하는 이에게 아무리 이야기해 본들 도란 아무런 쓸모없는 것이 될 뿐입니다. 그래서 부처님께서도 상대의 근기에 따라 설법을 하셨습니다. 이를 '대기설법', '응병여약'이라 합니다.

보 이 중 생 직 도
報爾衆生直道

비 유 즉 시 비 무
非有卽是非無

그대들 중생에게 바른 도를 가르치노니

있지 않음이 곧 없지 않은 것이니라.

    유무有無 이변二邊에 떨어지지 말라는 말입니다. 역대 조사 스님들은 한결같이 양변에 집착하지 말라고 가르칩니다. 나병 환자였던 승찬 스님의 「신심명」, 주변의 온갖 비방을 감수해야 했던 영가 스님의 「증도가」 역시 중도를 이야기하고 있습니다.

비 유 비 무 불 이
非有非無不二

하 수 대 유 허 론
何須對有論虛

있지 않음과 없지 않음이 둘이 아니니

무엇 때문에 있음에 대하여 없음을 논하랴.

유무가 본래 공한 하나임을 깨닫는 것이 바른 도입니다. 있음이 있음 아니고, 없음이 없음 아닙니다. 또한 있음이 없음도 아니고, 없음이 있음도 아닙니다.

「신심명」에서 '견유몰유遣有沒有 종공배공從空背空', 즉 '유를 보내면 유에 빠지고, 공을 따라가면 공을 등진다'고 했습니다. 유무, 비유비무는 모두 상대적인 견해입니다.

유 무 망 심 입 호
有無妄心立號

일 파 일 개 불 거
一破一箇不居

있음과 없음은 망령된 마음이 세운 이름이라.
하나가 부서지면 다른 하나도 있을 곳이 없다.

'있다, 없다'라는 것은 실제로 경계가 있어서 있는 것도 아니고, 없어서 없는 것도 아닙니다. 망령된 마음으로 '있다, 없다'라고 이름을 지어 붙인 겁니다. 우리는 텅 빈 공간을 보고 아무것도 '없다'라고 말합니다. 그런데 실제로 없는 것이 아닙니다. 아무것도 없을 것 같은 빈 공간도 무수한 요소로 가득 채워져 있음이 이미 과학적으로 증명되었습니다. 또한 '있다'고도 말할 수 없습니다. 허공이 그 무엇으로 가득 채워져 있다면 아무것도 건립할 수 없게 됩니다. 그런데 허공은 무엇이든 다 받아들입니다. 있음과 없음은 본래 공할 뿐입니다. 다만, 상대 유한의 세계에 꺼들려 집착하고, 분별하는 망령된 생각이 있음과 없음을 구별할 뿐입니다. 유무의 상대적인 입장에서 그 하나가 없어지면 또 다른 하나는 당연히 있을 곳이 없어지게 됩니다. 두 단으로 세워진 갈대 중 하나를 치우면 다른 갈대도 반드시 넘어지는 이치와 같습니다.

양 명 유 이 정 작
兩名由爾情作

무 정 즉 본 진 여
無情卽本眞如

두 가지 이름은 그대의 생각으로 말미암아 생기니

생각이 없으면 곧 본래 참되고 여여하리라.

　　본래는 참되고 여여한데, 좋고 싫다는 생각이나 옳고 그르다는 생각, 나와 너라는 생각, 상대적인 생각, 집착과 분별이라는 망령된 생각으로 오염되어 있다는 말입니다. 그렇기 때문에 색안경만 걷어 내면 참되고 여여한, 지극한 도, 궁극의 행복한 삶을 살 수 있습니다.

약 욕 존 정 멱 불
若欲存情覓佛

장 망 산 상 라 어
將網山上羅魚

만약 생각을 두고 부처를 찾으려 한다면
산에서 그물로 고기를 잡으려는 것과 같다.

선사들은 대부분 극적으로 표현을 합니다. 할과 방 등의 충격을 통해 깨달음의 기연을 만드는 것이지요.

임제 스님이 황벽 스님께 "무엇이 불법의 큰 뜻입니꺼?"라고 묻자 황벽 스님은, 사정없이 방망이질을 해 버렸습니다. 얼굴에 떨어지든지, 머리를 깨든지, 팔이 부러지든지 전혀 개의치 않고 후려쳐 버리는 겁니다. 이것이 다 충격 요법입니다.

지공 스님의 가르침도 마찬가지입니다. 산에서 어떻게 물고기를 잡을 수 있겠습니까. 도저히 있을 수 없는 일임을 강조하기 위해 비유를 그렇게 들었습니다. 생각으로 부처를 찾는 일이 그렇다는 것이지요. 다른 말로 부처의 세계는 망정이 떨어진, 색안경을 벗어 버린 세계라는 뜻입니다.

도 비 공 부 무 익
徒費功夫無益

기 허 왕 용 공 부
幾許枉用工夫

한갓 수고롭게 공만 들일 뿐 이익은 없으니
얼마나 헛되게 공부를 했는가?

앞에서 용모를 가다듬고 정좌하여 선정를 해 봐야 나무로 만든 꼭두각시가 도를 닦는 것과 같다고 했습니다. 이것은 도를 구하고 부처를 찾으려는 망정, 즉 상대적인 집착과 분별 때문입니다. '본 진여本眞如', '본래 참되고 여여한' 마음과 망령된 마음 상태가 따로 있는 것이 아닙니다. 망령된 마음과 참된 마음을 따로 구별하는 순간, 산에서 그물로 물고기를 잡으려는 것과 같습니다. 이것은 매우 잘못된 공부라는 말입니다. 아무런 이익이 없습니다.

불 해 즉 심 즉 불
不解卽心卽佛

진 사 기 려 멱 려
眞似騎驢覓驢

마음이 곧 부처임을 알지 못하면
진실로 나귀를 타고서 나귀를 찾는 꼴이다.

'즉심즉불卽心卽佛, 심즉시불心卽是佛, 심시불心是佛'이라는 표현과 '즉심卽心'이라는 표현은 맛이 다릅니다. 즉심은 바로 현재의 마음입니다. 하지만 사실 현재의 마음은 없습니다. 이미 지나가 버려서 과거 마음이고, 그 외에는 오지 않은 마음입니다. 『금강경』에서는 '과거심불가득過去心不可得 현재심불가득現在心不可得 미래심불가득未來心不可得'이라고 했습니다. 과거의 마음도 현재의 마음도 미래의 마음도 파악할 수 없다는 말입니다. 그나마 현재와 가장 가까운 마음이 즉심입니다. 앉은자리에서 바로 구워 먹는 음식을 '즉석구이'라고 하듯 지금 이 순간의 마음을 즉심이라고 합니다. 이와 같이 지금 이 순간 곧바로 깨어 있는 마음이 그대로 부처임을 알아야 합니다. 현재의 마음 그대로가 아닌 다른 마음이 있어서 부처가 아닙니다. 다른 마음으로 부처를 찾는다면 당나귀를 타고 당나귀를 찾는 꼴이며, 소를 탄 채로 소를 찾는 꼴입니다.

일체부증불애
一切不憎不愛

차개번뇌수제
遮箇煩惱須除

일체를 미워하지도 않고 좋아하지도 않으면
이것이야말로 번뇌를 제거하는 도리다.

　선불교의 안목에서는 성인·진리·부처·보리 등을 좋아해도
그것은 번뇌에 불과하다고 말하고 있습니다. 일반적인 불교와는
거리가 있습니다. 하물며 중생·번뇌·미혹 등을 싫어하는 것은
말할 필요도 없습니다. 「신심명」에서도 '단막증애但莫憎愛 통연명백
洞然明白', 마음에 증오하고 애착하는 마음만 없으면 환하게 명백하
리라고 했습니다. 번뇌는 본래 공합니다. 취사 간택하는 마음 그
자체가 번뇌입니다.

제 지 즉 수 제 신
除之則須除身

제 신 무 불 무 인
除身無佛無因

번뇌를 제거하면 자신도 제거하게 되니
자신을 제거하면 부처도 없고 인과도 없다.

내가 없으면 부처도 없고, 부처될 인도 없다는 말입니다. 인과因果가 없다는 말은 내 자신을 당체즉공當體卽空으로 보는 것입니다. 당체, 즉 본체 그 자체가 바로 공이니 부처가 붙을 자리가 없으며, 부처가 붙을 자리가 없으니 부처라는 결과를 얻기 위해 원인을 심는 일 또한 없다는 말입니다. 지금 이 순간의 마음이 곧 부처이고, 부처가 마음이기 때문입니다.

무 불 무 인 가 득
無佛無因可得

자 연 무 법 무 인
自然無法無人

부처도 없고 원인도 없는 것을 가히 얻을 수 있으면
자연히 법도 없고 사람도 없다.

「신심명」의 '이견부주二見不住 신막추심愼莫追尋', '두 가지 견해에
머물지 말고 삼가 추심하지 말라'는 가르침과 같은 의미입니다.

부처와 중생, 객관과 주관의 상대직인 두 가지 견해를 띠나라는
말입니다. 두 가지 견해에 대해 옳고 그르다, 좋고 나쁘다는 분별
심을 내는 것이 이견二見입니다. 집착하고 분별하는 마음만 떠나
면 존재의 실상인 본래 공의 이치를 자연스럽게 깨닫게 됩니다.

대 도 불 유 행 득
大道不由行得

설 행 권 위 범 우
說行權爲凡愚

큰 도는 수행으로 말미암아 얻어지는 것이 아닌데
수행을 말하는 것은 어리석은 범부를 위한 방편이다.

「대승찬」 첫 구절이 '대도상재목전大道常在目前'입니다. 대도는 항상 눈앞에 있다는 말입니다. 그러나 분별 망상, 온갖 색안경으로는 대도를 보기가 어렵다고 했습니다. 그래서 일반적인 불교에서는 깨닫기 위해 육도만행과 삼아승지겁을 닦아야 되고, 삼천위의와 팔만세행을 갖춰야 한다고 합니다.

대도, 지극한 도, 궁극의 행복이라는 것은 닦거나 수행을 해서 도달하는 것이 아닙니다. 『열반경』에 나오는 '힘센 장사의 비유'도 같은 이야기입니다. 수행을 말하는 것은 방편일 뿐이며, 범부나 어리석은 사람을 위한 것이라고 했습니다. 화두 들고 참선하는 그것이 꼭 도는 아니지만 그나마 중생과 어리석은 범부가 할 수 있는 최선의 방법입니다.

득 리 반 관 어 행
得理返觀於行

시 지 왕 용 공 부
始知枉用工夫

이치를 깨닫고 돌이켜 수행을 살펴본다면
비로소 잘못 공부한 것을 알게 될 것이다.

본래 공한 이치, 일체 증애를 떠난 자리에서 그동안 해 왔던 육도만행, 기도, 염불, 참선 등과 같은 수행을 돌이켜 살펴보면 그 공부가 잘못되었음을 알게 된나고 했습니다.

이치를 깨닫는다는 것은 인생의 근본 의혹이 해소되는 것이고, 인간과 만물의 진실을 꿰뚫어 볼 수 있다는 의미입니다. 이를 위해서는 집착과 분별 망상의 어리석음을 타파해야 합니다.

미 오 원 통 대 리
未悟圓通大理

요 수 언 행 상 부
要須言行相扶

원만하게 통하는 큰 이치를 아직 깨닫지 못했다면
요컨대 말과 행동을 서로 의지해야 한다.

　대리大理는 대도, 지도와 같은 말입니다. 원만하게 통하는 큰 도란, 달리 수행을 요하는 깨달음이 아니라 누구나 본래 그대로가 원만구족하다는 사실입니다. 그런데 이러한 이치를 깨닫지 못했다면 '언행言行', 즉 부처님의 말씀과 수행법에 의지해야 한다고 했습니다. 사실을 깨닫기 전후를 불문하고 언행일치가 되어야 합니다. 「발심수행장」에서 원효 스님도 지혜와 계행의 중요성에 대해 다음과 같이 경책하고 있습니다.

　수유재학무계행자(雖有才學無戒行者)
　여보소도이불기행(如寶所導而不起行)
　수유근행무지혜자(雖有勤行無智慧者)

욕왕동방이향서행(欲往東方而向西行)

비록 재주와 학식이 있으나 계행이 없는 사람은

보배 있는 곳으로 인도하되 일어나 가지 않는 것과 같은 것이요,

비록 부지런히 행하더라도 지혜가 없는 사람은

동쪽으로 가고자 하나 서쪽으로 가는 격이니라.

부 득 집 타 지 해
不得執他知解

회 광 반 본 전 무
廻光返本全無

알음알이에 집착하지 말라.

근본을 돌이켜 보면 본래 아무것도 없기 때문이다.

선가에서 가장 금기시하는 게 알음알이입니다. 그래서 대부분의 선원 입구에 다음과 같은 주련이 걸려 있습니다.

입차문래(入此門內)

막존지해(莫存知解)

이 문에 들어오면

알음알이를 두지 말라.

알음알이는 모든 유무위의 세계를 상대적인 관점에서 분석하고 계산하는 것입니다. 분석하고 계산하면, 좋고 싫음이나 옳고 그름의 이견에 빠지게 되고 집착하게 됩니다. 특히 수행을 하다 보면

'이렇게 해야 빠르다, 저렇게 해야 맞다, 지금은 어느 단계에 이르렀다'와 같은 소견을 갖습니다. 이와 같이, 예단하고 집착하는 모든 판단이 알음알이입니다. 알음알이는 번뇌 망상입니다. 본래 공한 이치를 꿰뚫지 못한 결과입니다.

수 유 해 회 차 설
誰有解會此說

교 군 향 기 추 구
敎君向己推求

누가 이러한 말을 이해하겠는가?

그대에게 이르노니 자기에게서 미루어 찾아라.

부처님께서는 성도 후 『화엄경』의 「여래출현품」에서 다음과 같이 말씀하셨습니다.

기 재 기 재 차 제 중 생 운 하 구 유
(奇哉奇哉此諸衆生云何具有)

여 래 지 혜 우 치 미 혹 부 지 불 견
(如來智慧愚癡迷惑不知不見)

아 당 교 이 성 도 영 기 영 리 망 상 집 착
(我當敎以聖道令其永離妄想執着)

자 어 신 중 득 견 여 래 광 대 지 혜 여 불 무 이
(自於身中得見如來廣大智慧與佛無異)

신기하고 또 신기하여라. 이 많고 많은 모든 중생이 여래의 지혜를 모두 다 갖추고 있건만 어리석고 미혹하여 그 사실을 어찌하여 알지도 못하고 보지도 못하는가? 내가 마땅히 성스러운 진리로써 그들을 가르쳐, 그들에게 죄업 많은 못난 중생이라는 잘못된 생각과 그것에 대한 집착을 영원히 버리게 하리라. 그래서 스스로 자신들에게 있는 여래의 넓고 큰 지혜가 부처님과 조금도 다르지 않다는 사실을 보게 하리라.

부처님이나 지공 스님이나 대도, 지극한 도, 궁극의 행복, 큰 지혜는 자기에게서 찾고 보라고 하셨습니다. 다른 사람, 다른 설명, 다른 노력, 특별한 수행을 통해 찾을 일이 아닙니다.

자 견 석 시 죄 과
自見昔時罪過

제 각 오 욕 창 우
除却五欲瘡疣

스스로 지난날의 허물을 보아서
오욕의 부스럼을 없애야 하리라.

달마 스님은 『혈맥론』에서 다음과 같이 말씀하셨습니다.

외식제연(外息諸緣)
내심무천(內心無喘)
심여장벽(心如墻壁)
가이입도(可以入道)
밖으로는 모든 인연을 쉬고
안으로 헐떡이는 마음이 없어서
마음이 장벽과 같아야
비로소 도에 든다.

우리는 밖에서 일어나는 모든 경계를 좇고, 안에서 일어나는 분별 망상으로 시시비비나 우비고뇌憂悲苦惱의 삶을 계속해서 살고 있습니다. 따라서 스스로 본래 공한 이치를 알아 근본으로 돌아가야 함을 말합니다. 근본으로 돌아가면 자연스럽게 봄날에 눈 녹듯 번뇌 망상이 녹습니다.

해 탈 소 요 자 재
解脫逍遙自在

수 방 천 매 풍 류
隨方賤賣風流

해탈하여 소요자재하면
곳곳에서 풍류를 값싸게 파느니라.

  불교의 수많은 용어 중에서 저는 '해탈'이라는 말을 제일 좋아
합니다. 개인적으로도 해탈이 목적이기도 합니다. 물론 보살행으
로는 자기 해탈에 관심이 없습니다. 오로지 넘치는 자비심으로 중
생의 고통과 아픔을 염려하고, 거기에 매진하는 이가 진정 보살입
니다. 그런데 개인적으로는 해탈이 참 중요합니다.

  해탈은 작은 해탈에서부터 생사 해탈에 이르기까지 다 해당합
니다. 또한 일상생활에서도 해탈해야 할 상황들이 매우 많습니다.
그래서 해탈하고 나면 해탈감이 있습니다. 마치 청량감처럼 해탈
했을 때 느끼는 맛, 해탈감이 있습니다. 그 해탈감을 맛보면 작
은 것 하나하나에서 해탈하고, 부귀공명에서도 해탈하고, 칭찬과
비방에서도 해탈하게 됩니다. 그래서 사실은 수시로 해탈해야 합

니다.

    우리가 예불할 때 '계향·정향·혜향' 합니다. 그 삼학이 해탈을 하자고 하는 것입니다. 계·정·혜 삼학은 좋은 향기입니다. 그 삼학의 결과로 해탈이라는 결실을 맺습니다. 그리고 나의 해탈을 더 많은 사람들과 나누자는 것이 해탈지견이지요. 해탈의 지견은 해탈을 공유하는 것입니다. '풍류를 값싸게 판다'는 것은 바로 해탈을 공유한다는 의미입니다. 그렇게 되면 어디를 가든지 즐거움뿐이라는 말입니다. '풍류를 값싸게 판다'라는 표현이 참 독특합니다.

수 시 발 심 매 자
誰是發心買者

역 득 사 아 무 우
亦得似我無憂

누가 마음을 내서 살 사람인가?
사게 되면 나와 같이 근심 없으리라.

　해탈하여 소요자재하면 처처가 평화이고, 행복이 넘치는 청풍
명월淸風明月의 경지로 살 수 있습니다. 그런데 누구든지 이와 같
은 경지에 동참만 한다면 나와 같이 아무런 근심이나 걱정 없이
유유자적한 삶을 살게 될 것이라는 말입니다.

　숫돌이 하나 있는데 김 서방도 와서 갈고 가고, 이 서방도 와서
갈고 가고, 동네 사람이 다 와서 갈고 가면 숫돌은 다 닳지만 칼날
은 아주 시퍼렇게 날이 선다는 서산 스님의 멋진 말씀이 있습니다.
불교 강의를 하는 것이 제 자신에게는 어찌 보면 손덕이 되고 감복
이 될지 모르는데, 여러분에게는 큰 이익이 되었으면 합니다. 날을
시퍼렇게 갈아 품을 수 있는 기회가 되었으면 좋겠습니다.

내 견 외 견 총 악
內見外見總惡

불 도 마 도 구 착
佛道魔道俱錯

안팎의 견해가 모두 나쁘면

불도와 마도가 모두 잘못이네.

안으로 바라보는 견해나 바깥 경계를 바라보는 견해가 중도적
이지 못하고, 어디에 치우친다면 그것이 총악總惡입니다. 도덕적
으로 나쁜 일을 해시 악이 아닙니다. 불교는 세속의 도덕률과는
관계없습니다. 우리의 견해가 한쪽으로 치우친 소견을 악이라고
합니다. 그것이 불도라 하든 마도라 하든 모두 잘못이라는 말입
니다. 본래 공한 자리에서는 불을 구하는 것도 분별이며 집착이기
때문입니다.

피 차 이 대 파 순
被此二大波旬

변 즉 염 고 구 락
便卽厭苦求樂

이 두 가지 큰 마왕에게 사로잡히면

즉시 괴로움을 싫어하고 즐거움을 구하리라.

불도佛道도 마왕 파순波旬이요, 마도魔道도 마왕 파순입니다. 불도의 길이 따로 있고 마도의 길이 별도로 있다고 여깁니다. 불도는 좋고 마도는 나쁘다고 생각합니다. 마왕 파순에 당하게 되면, 곧 고苦를 싫어하고 낙樂을 구하는 생각의 치우침이 일어납니다. 일반적으로 이야기할 때 불교의 목적을, 즉 '일체 모든 고통을 여의고 구경락을 얻는 것'이라고 합니다. 하지만 선불교는 이와 같은 차원이 아닙니다.

생 사 오 본 체 공
生死悟本體空

불 마 하 처 안 착
佛魔何處安著

삶과 죽음의 본바탕이 공임을 깨닫게 되면
부처와 마구니가 어느 곳에 붙어 있겠는가?

불교에서의 '공'은 '색멸공'이 아니라 '색성공'입니다. 색 그대로
아무것도 없는 것이 아니라, 색의 자성이 공하기 때문에 원융무애
하게 연기를 한다는 말입니다. 생사가 본래 공하다는 사실을 꿰뚫
어 안다면 '나'도 역시 공하다는 것을 알게 됩니다. '나'가 공하기
때문에 생사 역시 공하게 됩니다. 생사가 본래 공한데 부처가 무
엇이며, 마구니가 무엇이겠습니까.

지 유 망 정 분 별
只由妄情分別

전 신 후 신 고 박
前身後身孤薄

다만 망령된 생각으로 분별하기 때문에
살아온 삶이나 살아갈 길이 외롭고 보잘것없다.

삼대 선시의 첫 구절이 모두 같은 뜻을 담고 있습니다. 「신심명」의 첫 구절은 '지도무난至道無難 유혐간택唯嫌揀擇'이며, 「증도가」는 '절학무위한도인絕學無爲閒道人 부제망상불구진不除妄想不求眞'이고, 「대승찬」에서는 '대도상재목전大道常在目前 수재목전난도雖在目前難覩'로 시작합니다.

삼대 선시가 전부 같은 맥이 흐르고 있다는 사실을 알 수 있습니다. 그것은 취사선택의 문제입니다. 지극한 도, 도인의 삶, 대도의 삶이란 취사선택으로부터 자유로운 삶입니다. 그렇지 않으면 항상 우비고뇌의 삶으로부터 해탈할 수 없습니다.

윤 회 육 도 부 정
輪廻六道不停

결 업 불 능 제 각
結業不能除却

육도에 윤회에서 쉬지 못하고
맺은 업을 없애지 못하는구나.

　분별 망상의 삶은 지극한 도의 삶, 대도의 삶, 도인의 삶이 아
니라고 했습니다. 분별 망상에 꺼들리면 늘 불행한 삶의 연속입
니다. 자기 자신의 틀과 기준으로 모든 것을 재단하기 때문에 새
로운 업을 쌓을 뿐입니다.

소 이 유 랑 생 사
所以流浪生死

개 유 횡 생 경 략
皆由橫生經略

그런 까닭에 삶과 죽음에 떠다니나니
모두가 제멋대로 수단을 부리기 때문이다.

경략經略은 경영 전략이라고 할 수 있습니다. 이리저리 사량 분별해서 수단을 짜내거나 머리를 쓰는 일입니다. 특정 기준을 만들어 분별하고 집착하여 치우치고 빠져드는 것이 바로 생사입니다. 사량 분별 때문에 비교하게 되고, 비교하다 보니 갈등이 생기고, 갈등은 번뇌와 고통을 수반합니다.

신 본 허 무 부 실
身本虛無不實

반 본 시 수 짐 작
返本是誰斟酌

몸은 본래 허무하여 실답지 못하니

근본으로 돌아가면 누가 헤아리겠는가.

모든 존재는 '본래 공'입니다. 또한 모든 존재 원리는 인연생기 因緣生起에 의해 존재합니다. 다만, 우리가 망령되이 스스로 모양 을 만들고 있다는 견해에 빠집니다. 존재의 실상을 꿰뚫는 안목의 입장에서는 그 어느 것 하나 헤아릴 수 있는 게 없습니다.

유 무 아 자 능 위
有無我自能爲

불 로 망 심 복 탁
不勞妄心卜度

있음과 없음은 내가 스스로 만든 것이니
망령된 마음으로 애써 헤아리지 말라.

'있다, 없다', '너다, 나다', '좋다, 나쁘다', '옳다, 그르다', '이득
이다, 손실이다' 하는 모두가 '나'를 중심으로 해서 능히 이뤄지는
일입니다.

예를 들어 부모가 자식에게 용돈을 준다고 할 때, 부모 마음과
자식 마음이 다릅니다. 용돈을 주는 부모 입장에서는 다 같은 자
식이고 부모 주머니에서 나가는 돈이기 때문에 많고 적음을 크게
생각하지 않습니다. 주면 주는 대로 부족하면 부족한 대로 쓰면
될 일입니다. 그러나 자식 입장에서는 형제자매지간이라도 많고
적음에 시비분별을 합니다. 마치 우리도 자식과 같습니다. 비교하
여 갈등하고 시시비비를 일으킵니다. 그것은 나를 중심에 놓고 망
령된 생각을 일으키기 때문입니다.

중 생 신 동 태 허
衆生身同太虛

번 뇌 하 처 안 착
煩惱何處安著

중생의 몸은 허공과 같으니
번뇌가 어느 곳에 붙겠는가.

　　이 몸뚱이의 근본은 본래 공하여 허공과도 같습니다. 허공과 같은 몸이기 때문에 번뇌가 붙을 수 없다는 말입니다. 우리는 몸을 근거로 해서 살아갑니다. 그런데 몸이 없다면 번뇌가 일어날 수가 없습니다.

단 무 일 체 희 구
但無一切希求

번 뇌 자 연 소 락
煩惱自然消落

다만 일체 바라거나 구하는 바가 없으면
번뇌는 저절로 없어지리라.

'유구개고有求皆苦 무구내락無求乃樂'이라 했습니다. 구하는 바가
있으면 다 고통스러울 수밖에 없고, 구함이 없으면 즐겁다는 말입
니다. 일체 희구심이 없으면 모든 번뇌가 사라집니다. 만약에 성
불하고자 하는 마음이 없는 사람에게는 화두가 잘되느니 안 되느
니, 공부가 잘되느니 안 되느니 등의 번뇌가 없습니다. 마찬가지
로 세속적인 일에서도 어떤 희구심만 없으면 갈등이 없습니다.

가 소 중 생 준 준
可笑衆生蠢蠢

각 집 일 반 이 견
各執一般異見

가소롭구나. 중생들의 꿈틀거리는 모습이
제각기 한결같아 다른 소견에 집착하는구나.

깨달은 사람의 입장에서 중생들의 삶을 살펴본 것입니다. 전부
자기의 소견만을 주장하며 옥신각신하며 삽니다. 그렇기 때문에
조화와 균형이 있을 수 없습니다. 서산 스님의 시에 다음과 같은
구절이 있습니다.

만국도성여의질(萬國都城如蟻蛭)
천가호걸사혜계(千家豪傑似醯鷄)
일창명월청허침(一窓明月淸虛沈)
무한송풍운부제(無限松風韻不齊)
만국의 도성은 저마다 개미집과 같고
천가의 호걸들은 하루살이와 한가질세.

창 가득 비쳐드는 밝은 달빛에 베갯머리 시원하고
끝없이 불어오는 솔바람은 곡조도 갖가지라.

단 욕 방 오 구 병
但欲傍鏊求餅

불 해 반 본 관 면
不解返本觀麵

다만 냄비 옆에서 구운 떡 먹기를 바랄 뿐
근본으로 돌아가 밀가루를 볼 줄은 모른다.

지공 스님 당시 중국의 생활상을 예로 든 이야기입니다. 밀가루로 만든 음식이 얼마나 많습니까? 그런데 떡을 좋아하는 사람은 꼭 그걸 먹기 위해 냄비 옆을 떠나지 못한다는 말입니다. 자기 소견에만 집착하고 있음을 비유한 말입니다. 구운 떡 역시 그 근본은 밀가루입니다. 즉, 우리의 소견이 각양각색이지만 근본은 공적한 마음자리, 적멸한 마음자리라는 것을 말하고 있습니다.

면 시 정 사 지 본
麵是正邪之本

유 인 조 작 백 변
由人造作百變

밀가루가 옳고 그름의 근본이지만

사람의 조작으로 말미암아 백 가지로 달라진다.

    정사正邪는 상대적인 현상, 밀가루로 만든 온갖 모양의 제품을 말합니다. 사람은 그 입맛에 따라 밀가루로 천 가지 만 가지의 음식을 만듭니다. 하지만 그 근본은 밀가루라는 말입니다. 우리의 마음자리도 본래 공한데, 사람마다 자신의 습관, 경험, 학습, 성장 과정에 따라 각각 다른 소견을 가지게 된다는 말입니다.

소 수 임 의 종 횡
所須任意縱橫

불 가 편 탐 애 연
不假偏耽愛戀

필요에 따라 마음대로 만들어 내나니
좋아하는 것만 치우쳐 탐할 것이 아니다.

사람들은 자기의 필요에 따라 밀가루를 이용하여 국수도 만들고 빵도 만들고 온갖 것을 만듭니다. 또한 나라마다 조리하는 방법이 다릅니다. 그런데 밀가루 입장에서 보면 무엇을 만들었든 다 밀가루로 만들었습니다. 빵이든 국수든 전부 밀가루 음식입니다. 그 성분도 똑같습니다. 그렇기 때문에 자기가 좋아하는 것만 탐하는 소견을 낼 필요가 없습니다.

이 이야기는 국수, 빵, 밀가루를 말하고자 하는 게 아닙니다. 우리가 살아가는 데 있어서의 각자 다른 취향, 다른 견해를 말하고 있습니다. 즉, 각자의 견해는 각양각색이지만 그 근본은 텅 빈 본성자리에서 나온다는 말입니다.

무 착 즉 시 해 탈
無著卽是解脫

유 구 우 조 라 견
有求又遭羅罝

집착하지 아니하면 즉시 해탈이요,
구함이 있으면 다시 그물에 걸린다.

모든 분별에서 집착을 놓으면 바로 텅 빈 본성자리, 해탈자리,
해탈감에 젖어든다는 말입니다. 그런데 구함이 있으면 그물에 걸
린다고 했습니다. 날짐승이나 물고기에게 그물이란 죽음을 의미
합니다. 그와 같이 우리도 편견과 치우친 소견에 걸리면 해탈에
서 멀어진다는 말입니다. '해탈解脫'과 '라견羅罝'이라는 말이 절묘
하게 대구를 이루고 있습니다. 라견羅罝은 해탈과 정반대의 경우
입니다.『능엄경』에 다음과 같은 내용이 있습니다. '지견입지知見立
知 즉무명본卽無明本 지견무견知見無見 사즉열반斯卽涅槃 역명해탈亦
名解脫', 즉 '지견에 앎을 세우면 곧 무명의 근본이요, 지견에 봄이
없으면 이것이 곧 열반이며 해탈이다'는 뜻입니다.

자 심 일 체 평 등
慈心一切平等

진 즉 보 리 자 현
眞卽菩提自現

자비로운 마음은 일체에 평등하고
진여 곧 깨달음이 스스로 나타나리라.

진여의 체體와 자비의 용用, 즉 본체와 작용의 입장을 말하고 있습니다. 집착하지 않고 정에 꺼들리지 않는 자비의 마음은 일체에 평등하게 작용합니다. 그것은 그 근본에 진여의 마음자리, 깨달음의 마음자리, 본래 텅 빈 마음자리가 있기 때문입니다.

약 회 피 아 이 심
若懷彼我二心

대 면 불 견 불 면
對面不見佛面

만약 너와 나라는 두 마음을 품으면
부처를 대면하고도 부처를 알아보지 못할 것이다.

　우리는 분별하는 마음 때문에 부처님을 보지 못합니다. 내가 보
고 있는 그 상대가 곧 부처님인데 원수로 보고, 나와 상대 되는 사
람으로 보고, 나에게 손해를 입히거나 나를 해치는 사람으로 봅
니다. 부처님 얼굴을 앞에 두고도 우리가 그렇게 보고 산다는 말
입니다. 부처님 얼굴을 대면하고도 그렇게 사니, 이 얼마나 안타
까운 일입니까. '피아이심彼我二心', 즉 나와 너를 분별하는 마음 때
문에 부처님 얼굴로 보지 못합니다. 남악 회양 스님의 다음과 같
은 가르침이 있습니다.

　여우가거(如牛駕車)

　거약불행(車若不行)

타거즉시(打車卽是)

타우즉시(打牛卽是)

예컨대 소가 수레를 끄는데

만약 수레가 가지 않는다면

수레를 때려야 하는가,

소를 때려야 하는가?

세 간 기 허 치 인
世間幾許癡人

장 도 부 욕 구 도
將道復欲求道

세간에는 얼마나 어리석은 사람이 많은가.
도를 가지고 다시 도를 구하는구나.

대도상재목전大道常在目前, 즉 대도는 항상 목전目前에 있다고 했습니다. 여기서는 도를 가지고 다시 도를 구하고자 한다고 했습니다. 이렇듯 선불교의 안목은 어떻게 보면 매우 쉽고도 간단합니다.

도란 우리가 견문각지見聞覺知하는 일상 그대로입니다. 이러한 일상의 삶이 도라는 것을 알지 못하고, 다른 데서 도를 구합니다. '견성·성불·부처'라는 궁극의 차원도 마찬가지입니다. 궁극의 행복도 일상의 삶과 유리되지 않는다는 말입니다.

광 심 제 의 분 운
廣尋諸義紛紜

자 구 기 신 불 요
自救己身不了

온갖 이치를 찾기에 바쁘지만

자기 몸도 스스로 구제하지 못하네.

수행의 목적은 깨달음에 있습니다. 그러나 자기만의 깨달음을
목적으로 하는 수행은 있을 수 없습니다. 입전수수立塵垂手, 즉 모
든 중생과 함께할 때 진정한 의미가 있습니다. 그런데 경전을 보
거나, 참선을 하거나, 기도를 할 때 글자의 의미만을 찾거나 온갖
사량 분별로 수행법의 우월을 따진다면 중생 구제는 물론이거니
와 자기에게도 아무런 도움이 되지 않는다는 말입니다.

전 심 타 문 난 설
專尋他文亂說

자 칭 지 리 묘 호
自稱至理妙好

오로지 남의 글과 어지러운 말만을 찾아서
지극한 이치가 묘하고 좋다고 스스로 말하노라.

스스로의 체험으로 존재의 실상을 꿰뚫는 고준한 안목을 갖추
는 것이 아니라는 말입니다. 조사 스님의 글에 도취해서 스스로
'아주 지극한 이치다. 미묘하고 빼어난 가르침이다. 정말 아름답
고 좋은 말씀이다'라고 한다는 것이지요.

도 로 일 생 허 과
徒勞一生虛過

영 겁 침 륜 생 사
永劫沈淪生死

한갓 수고로이 일생을 헛되이 보내고
영겁 동안 생사에 빠지는구나.

이 몸 이대로 부처임을 깨닫고 일체 편견 없는 자비심으로 살아가면 됩니다. 하지만 온갖 사량 분별과 집착으로 목전의 부처를 알아보지 못하고, 남의 글과 말만을 좇아 있지도 않는 부처를 구하고자 한다면 일생을 헛되이 보내고 생사의 윤회로부터 해탈하지 못하게 된다는 말입니다. 『화엄경』에서는 이를 다음과 같이 경책하고 있습니다.

종일수타보(終日數他寶)
자무반전분(自無半錢分)
평생 남의 보물만 세고
자기 것은 하나도 없는 것과 같다.

탁 애 전 심 불 사
濁愛纏心不捨

청 정 지 심 자 뇌
清淨智心自惱

혼탁한 애욕에 묶인 마음 버리지 못하면
청정한 지혜의 마음이 스스로 번뇌한다.

　우리는 본래 청정한 지혜의 마음을 지니고 있습니다. 불교는 세상을 바꾸는 것도 아니고, 또 어디서 가져오는 것도 아니며, 이미 가지고 있는 것을 끊임없이 이해하고, 느끼고, 깨닫고, 활용하는 일입니다.

　부처님은 세상을 바꾸지 않았습니다. 사람의 심성을 바꿔 놓았지요. 그래서 불교가 사회를 향해 해야 할 일은 감동을 주는 일입니다. 아무리 고준한 설법을 한다 하더라도, 아무런 감동이 없다면 무용지물입니다. 감동이 있어야 변화가 있습니다. 그 감동의 크기에 따라서 한 시간, 하루, 평생을 가기도 합니다.

진 여 법 계 총 림
眞如法界叢林

반 생 형 극 황 초
返生荊棘荒草

진여법계의 울창한 숲이

도리어 가시와 잡초만 무성하네.

불교에서는 우리가 사는 세상에 대해 '화택', '고해' 등의 표현을 많이 합니다. 부정적으로 보는 시각이 많습니다. 제행무상諸行無常, 일체개고一切皆苦 등도 마찬가지입니다. 그런데 선불교에서는 이와 같은 표현이 없진 않습니다만 매우 긍정적입니다. 이 세상 그대로가 진여법계眞如法界라는 표현이 대표적인 예입니다. 그런데 진여법계에 살면서 도리어 우리는 '형극황초荊棘荒草', 즉 가시와 잡초만을 생산해 내고 있습니다. 가시넝쿨 속에서의 삶을 스스로 만들어 내고 영위하고 있다니 얼마나 참 통탄할 일입니까.

우리의 수준으로 이끌어서 해석하면 가능한 한 긍정적으로 보고, 낙천적으로 생각하며, 유쾌하게 살 필요가 있습니다.

단 집 황 엽 위 금
但執黃葉爲金

불 오 기 금 구 보
不悟棄金求寶

다만 누런 낙엽을 집착해서 금을 삼고
황금을 버리고 보배를 구하는 줄은 깨닫지 못하네.

　'황엽黃葉'이라는 말로 경전이나 어록을 비유하고 있습니다. 경전을 가지고 진짜 도를 삼는다는 뜻입니다. 글자만 새기고 그 의미만 분석하는 공부는 진짜 공부가 아니라는 말입니다. 불교 공부는 부처님의 가르침을 담은 경전이나 조사 스님의 어록이라 하더라도 그것을 보물단지로 집착하는 마음에서 벗어나는 것이 요체입니다. 그러나 한편 경전과 어록이 없으면 길을 밝힐 수 없습니다.

소 이 실 념 광 주
所以失念狂走

강 력 장 지 상 호
强力裝持相好

그런 까닭에 실성하여 미쳐 날뛰며
억지로 겉모습 꾸미는 데에만 힘을 쏟는구나.

지혜의 눈을 떠 존재의 실상을 꿰뚫어야 하는데, 문자에 얽매여 지식이나 쌓고 사량 분별로 치닫는 모습을 지공 스님은 실성하여 미쳐 날뛰는 것으로 표현하였습니다. 이는 마치 겉만 번듯하게 꾸미는 일이라는 말입니다. 이것은 분별하는 마음에서 나오는 결과입니다. 알고 보면 이 세상에는 그 무엇 하나 잘못된 것도 없고, 크게 가치가 떨어지는 것도 없습니다.

구 내 송 경 송 론
口內誦經誦論

심 리 심 상 고 고
心裏尋常枯槁

입속으로는 경을 외우고 논을 외우나
마음속은 언제나 바싹 말라 있구나.

우리가 경을 공부하고, 어록을 공부하고, 이 좋은 선시를 공부하면 마음으로 공감이 되고 분발심이 일어야 합니다. '이 구절은 참으로 감동적이다. 정말 평생의 좌우명으로 삼아야 되겠다'라고 생각하고는 그와 같은 마음 씀씀이를 내어야 합니다.

옛날 유생들이 '서자서아자아書者書我者我', 즉 '책은 책이고 나는 나다'라는 말을 했습니다. 우리가 정말 이런 성인들의 주옥같은 말씀을 다 잊어버려도 한두 구절만이라도 기억하고 마음에 담으면 큰 소득이 아니겠습니까. 그렇게 해서 바짝 타들어 가는 마른 심성을 촉촉하고 윤택하게 적시는 시간이 되었으면 좋겠습니다.

일 조 각 본 심 공
一朝覺本心空

구 족 진 여 불 소
具足眞如不少

하루아침에 본심이 공한 것을 깨닫게 되면
진여를 갖추어 모자람이 없다.

'구족진여具足眞如'란 우리 모두가 다 진여를 구족하고 있다는 말입니다. 그런데 그것은 편견의 마음이 떨어져 버린, 그야말로 공한 상태가 되어야 본래 우리가 구족하고 있는 넉넉함, 광대함을 누릴 수 있습니다. 황벽 스님은 다음과 같이 말씀하십니다.

제불여일체중생(諸佛與一切衆生)
유시일심갱무별법(唯是一心更無別法)
모든 부처님과 일체 중생이
오직 한마음이요, 다시 다른 법은 없느니라.

성 문 심 심 단 혹
聲聞心心斷惑

능 단 지 심 시 적
能斷之心是賊

성문의 마음은 미혹을 끊으려 하지만
능히 끊는 그 마음이 바로 도적이로다.

끊는 마음인 주체와 끊어야 할 대상이 분리되면 벌써 분별 시비, 번뇌 망상으로 치닫게 됩니다. 마음을 둘로 나누는 것이 바로 우리 마음의 보배를 훔쳐 가는 도적이 됩니다. 철학에서도 나를 두고 즉자적인 나, 대자적인 나로 나누기도 합니다. 그러나 능·소를 나눌 일이 아닙니다. 불자들이 불교 공부를 하다 보면 마음을 주관과 객관으로 간혹 나누지만, 그것은 하나의 마음에서 나누어진 것입니다. 하나의 마음은 본래 허공과도 같다고 하였습니다. 본래 공한 마음이기 때문에 미혹을 끊어야 할 마음 따로, 끊어야 할 대상이 따로 있을 수 없습니다. 미혹을 끊으려고 하는데, 끊어질 미혹은 무엇이며 또 누구의 것이며, 끊는 그는 누구이며 누구의 것이냐는 말입니다. 처음부터 잘못되었다는 말이지요.

적 적 체 상 제 견
賊賊遞相除遣

하 시 요 본 어 묵
何時了本語默

도적과 도적이 번갈아가며 쫓아내니
어느 때에 본래의 말과 침묵을 요달할 것인가.

　'도적과 도적'이란, 끊는 마음도 도적이고 끊어질 미혹도 도적이라는 말입니다. '본래의 어묵語默'이란 말과 침묵이 나눠지기 이전의 이야기입니다. 즉, 본래 공한 이치를 말하고 있습니다. 그런데 주객과 능소를 상대적으로 세워 놓고 번뇌를 제거하겠다는 것은 천 번 만 번 반복해도 번뇌를 제거할 수 없다는 말입니다. 한마음 속에서 주관과 객관, 능과 소가 계속하여 번갈아 일어날 뿐입니다.

구 내 송 경 천 권
口內誦經千卷

체 상 문 경 불 식
體上問經不識

입으로는 천 권의 경전을 외우고 있지만
근본 바탕에서 경전을 물으면 알지 못한다.

불가의 전통적인 청법게는 다음과 같습니다.

차경심심의(此經甚深意)

대중심갈앙(大衆心渴仰)

유원대법사(唯願大法師)

광위중생설(廣爲衆生說)

이 경의 깊고 깊은 뜻을

대중은 목마르게 갈구합니다.

원컨대 큰 법사님께서는

중생들을 위해 널리 법을 설하여 주옵소서.

이 청법게에 '경'이라는 말이 들어 있다는 이유로 '이것은 강사나 법사에게만 해당하는 청법게인가 보다'라고 생각하여 선사禪師에게 청법할 때는 하지 않습니다. 이는 이치에 맞지 않습니다. 그 경이 무슨 종이 쪼가리로 된 경인가요. 그래서 일부에서는 '차경심심의此經甚深意' 대신에 '차법심심의此法甚深意'라고 합니다. 좁은 소견으로 '경'과 '법'을 분별하는 것이지요.

우리는 추우면 추운 줄 알고, 더우면 더운 줄 알고, 싫은 소리 하면 금방 화낼 줄 알고, 기쁜 소리 하면 아주 즐거워서 떠들 줄 압니다. 또 사랑도 하고 미워도 합니다. 이와 같이 훌륭한 방광을 놓는 그 마음이 바로 경입니다. 그런데 온갖 경전을 다 외운다 하여도 사량 분별의 마음으로 경전을 보면 진짜 경전 이야기, 마음의 경전에 대해서는 한마디도 하지 못합니다.

불 해 불 법 원 통
不解佛法圓通

도 로 심 행 수 묵
徒勞尋行數墨

불법이 원만하게 통합을 알지 못하고
한갓 수고로이 글줄을 찾고 글자를 헤아리네.

　　불법은 원만하여 어느 구석, 어느 한 가지 이치에 치우치지 않고 모두에 통합니다. 연기를 현대적으로 표현하자면 소통입니다. 너와 나의 모든 관계 속에 우리가 살고 있다는 것을 알면 소통이 되어야 합니다. 『금강경사가해』에 다음과 같은 게송이 있습니다.

　　아유일권경(我有一卷經)
　　불인지묵성(不因紙墨成)
　　전개무일자(展開無一字)
　　상방대광명(常放大光明)
　　사람마다 한 권의 경전이 있는데
　　그것은 종이나 활자로 된 게 아니다.

펼쳐 보아도 한 글자 없지만
항상 환한 빛을 발하고 있네.

　마음의 경전을 펼쳐야지, 문자에 꺼들리고 글 뜻에 얽매여 이리
저리 사량 분별하면 전도된 삶이 됩니다.

두타아란고행
頭陀阿練苦行

희망후신공덕
希望後身功德

모든 것을 버리고 조용한 곳에서 고행하며
뒷세상에 받을 몸의 공덕을 바란다.

한 국가의 종교적 관념이 특정하게 굳어진 데 대해서 말하기가 부담스럽습니다만, 저는 티베트불교의 신앙 형태에 대해 생각이 많습니다. 티베트에서 라싸의 포탈라 궁을 향해 그 험하고 먼 길을 일보일배 하면서 가는 모습을 볼 수 있습니다. 그 옆에서 사람들이 먹을 것과 잠잘 것을 수레에 싣고 갑니다. 그와 같은 고행이 두타아란고행頭陀阿練苦行에 해당합니다. 그런데 그 사람들은 후신後身의 공덕을 희망해서 그런 일을 합니다. 그것이 과연 불교의 관점에서 바른 견해인가라고 생각할 때 솔직한 심정으로 의문이 듭니다.

약 7개월 동안이나 그리 힘들게 일보일배 걸어서 회향을 합니다. 그런 고행난행을 하고 나서 그다음에 어떻게 하는가? 한 사람은 출가를 해서 스님이 됩니다. 한 사람은 거기까지 온 김에 동충하초를 캐러 갑니다. 가족을 먹여 살려야 하고 자신이 살아야 하니까요. 노인은 바로 집으로 돌아갑니다. 그냥 사람의 삶이 있을 뿐입니다. 그런 난행고행을 다 거쳐도 그다음에 딴 세계가 펼쳐지는 것이 아닙니다. 절하기 전이나, 절할 때나, 절하고 나서나 다 사람의 삶이 있을 뿐입니다.

그래서 제가 깨달은 바가 많습니다. '아 그래, 결론은 출발하기 전이나, 그 과정에서나, 마칠 때나 처음부터 끝까지 오직 사람이 있을 뿐이다. 사람의 본질에 대한 것, 사람의 진정한 가치에 대한 것을 눈뜨면 끝이다. 더 이상 뭐가 있는가.'

조사 스님의 어록에 나오는, 마음이 곧 부처이며 사람이 그대로 부처라는 직설적인 표현이 정말 완전한 것이지요.

희 망 즉 시 격 성
希望卽是隔聖

대 도 하 유 가 득
大道何由可得

바라는 것이 있으면 곧 성인과 멀어지나니

큰 도를 어떻게 얻을 수 있겠는가.

뭔가 희망하는 것이 있으면 성인의 길과 동떨어집니다. 설령 난
행고행을 한다 하여도, 얻고자 하는 마음이나 바라는 마음, 분별
하는 마음이 있다면 대도, 지극한 도, 궁극의 행복은 얻을 수 없습
니다. 본래 공한 이치를 꿰뚫어 목전의 삶을 살펴야 합니다.

비 여 몽 리 도 하
譬如夢裏度河

선 사 도 과 하 북
船師度過河北

비유하면 꿈속에서 강을 건너는 것과 같으니

뱃사공이 강 저쪽으로 건네 주네.

'도과하북度過河北'은 중국의 지리적 특성을 반영한 표현입니다. 중국의 강은 대부분 서출동류수西出東流水, 즉 서쪽에서 나와 동쪽으로 흐릅니다. 그렇기 때문에 강을 건너면 하북河北, 혹은 하남河南이 됩니다.

뱃사공이 강을 건네 주었는데 그것은 꿈에서 건넨 것이라는 말입니다. 다음 구절과 연결됩니다.

홀 교 상 상 안 면
忽覺床上安眠

실 각 도 선 궤 칙
失却度船軌則

문득 침상에서 단잠을 깨어 보니
배로 강을 건너는 법칙을 잃어버렸네.

꿈을 깨고 나니 강을 건넌 것도 아닙니다. 침상에 누워서 꿈을
꿨을 뿐입니다. 더욱이 배에서 내려야 할 목적지를 잃어버렸다는
말입니다. 예를 들어, 대구에서 내려야 하는데 잠이 들어 그만 부
산까지 가 버렸다는 말입니다. 난행고행하는 이유가 뭔가 희망하
는 것을 구하는 일이라면, 그 목적을 상실하게 된다는 말입니다.

선 사 급 피 도 인
船師及彼度人

양 개 본 불 상 식
兩箇本不相識

뱃사공과 강을 건너는 사람은

두 사람이 본래 서로 알지 못한다.

　잠자면서 혼자 꿈을 꾼 것이기 때문에 실제로는 뱃사공을 만난 것도, 배를 탄 것도 아닙니다. 모두 꿈속에서 이루어진 일일 뿐입니다. 꿈속의 일이기 때문에 모두 없는 일입니다.

　'두 사람이 본래 서로 알지 못한다'라는 말은 미묘하고 의미심장한 표현입니다.

중 생 미 도 기 반
衆生迷倒羈絆

왕 래 삼 계 피 극
往來三界疲極

중생이 미혹해서 얽히고설키어

삼계에 오고감에 피로함이 극에 달했다.

삼계를 벗어나 해탈감으로 살자는 것이 불교인데, 오히려 해탈하고는 거리가 멀고, 삼계에 왕래해서 피로에 지쳐 버린다면 어떻게 되겠습니까?

깨달은 분들의 안목은 정말 투철합니다. 그야말로 촌철살인寸鐵殺人이며, 점철성금點鐵成金입니다. 물 한 방울을 떨어뜨려 큰 쇳덩어리가 금으로 변하는 것과 같은 효과가 있고, 그런 역할을 하는 것이 바로 조사 스님들의 어록입니다.

각 오 생 사 여 몽
覺悟生死如夢

일 체 구 심 자 식
一切求心自息

생사가 꿈과 같음을 깨닫는다면
일체 마음을 구하는 것이 저절로 쉬어지리라.

생사가 꿈과 같음을 깨닫는다면, 수없이 절하며 열반을 구하던 마음, 참선하여 도인이 되겠다는 마음, 부처님께 온갖 것을 바라던 마음들이 저절로 쉬어진다는 말입니다.

불교는 존재의 실상을 꿰뚫는 이치를 아는 것입니다. 존재의 실상은 본래 허공과 같습니다. 이치를 안다는 것은 마치 잠자다 꿈을 깨는 것과 같습니다. 꿈을 깨는 데 무슨 특별한 노력을 요하지 않습니다. 단박에 꿈에서 깨면 됩니다. 꿈에서 깨기만 하면 꿈속에서의 일들은 모두 없었던 일이 됩니다. 즉, 구하고 바라던 마음들이 모두 없어진다는 말입니다. 황벽 스님은 다음과 같이 말씀하셨습니다.

각관역겁공용(卻觀歷劫功用)

총시몽중망위(總是夢中妄爲)

수억만 년의 세월 동안 공을 쌓는다 하더라도

모두가 꿈속의 허망한 일이다.

오 해 즉 시 보 리
悟解卽是菩提

요 본 무 유 계 제
了本無有階梯

깨달아 아는 것이 곧 보리이니

근본을 깨달으면 단계가 없다.

꿈에서 깨기 위해 특별한 노력과 과정이 필요 없는 것처럼 본
래 마음자리, 대도를 깨닫기만 하면 지위점차가 없다는 말입니다.
깨달은 마음은 부처님 마음이나 나의 마음이 같으며 시공을 초월
합니다. 따라서 교리적에서 이야기하는 삼아승지겁을 닦고, 삼천
위의와 팔만세행을 갖춰야 하는 것이 아닙니다. 『육조단경』에서도
'자성자오自性自悟 돈오돈수頓悟頓修 역무점차亦無漸次', 즉 '자기의
성품을 스스로 깨쳐서 단박에 깨치고 단박에 닦으니, 또한 점차가
없다'라고 하였습니다.

대승찬 특강 _ 313

감 탄 범 부 구 루
堪歎凡夫傴僂

팔 십 불 능 발 제
八十不能跋蹄

곱사등이 같은 범부들을 탄식하나니

팔십이 되어서도 능히 걷지를 못하는구나.

　범부들이 어리석은 마음으로 수행한다고 하는 것이, 마치 곱사
등이가 되어서 제대로 걸어가지도 못하고 여든이 될 때까지 한 걸
음도 진척이 없는 상황과도 같다는 표현입니다. 나이만 먹어 범부
중생으로 살아가는 모습이 너무나 안타깝고 답답하다는 지공 스
님의 마음이 담겨 있습니다.

도 로 일 생 허 과
徒勞一生虛過

불 각 일 월 천 이
不覺日月遷移

한갓 수고로이 일생을 헛되이 보내면서
세월의 흐름도 알지 못하는구나.

일생을 헛되이 보낸다는 말은 올바른 안목을 갖지 못하고, 이리
저리 간경, 참선, 염불, 기도 등을 하지만, 사량 분별로 계산하고
머리 굴려 깨닫기만을 희망하며 마냥 시간을 보낸다는 뜻입니다.
원효 스님은 다음과 같이 경책하고 있습니다.

파거불행노인불수(破車不行老人不修)
와생해태좌기난식(臥生懈怠坐起亂識)
부서진 수레는 가지 못하고 늙어지면 수행하기 어려운지라,
누워서 게으름을 내고 앉아 어지러운 생각만 일으키고 있구나.

향 상 간 타 사 구
向上看他師口

흡 사 실 미 해 아
恰似失孃孩兒

위를 향해 저 스승의 입을 바라보는 것이
마치 어미 잃은 아이와 같구나.

지공 스님 당시뿐만 아니라 우리나라도 최근까지 법문하는 경우가 많지 않았습니다. 특히, 책을 비롯한 정보 습득의 기회와 수단이 거의 없던 시대에는 전적으로 큰스님의 법문에 가르침을 의지할 수밖에 없었습니다. 가끔씩 이루어지는 큰스님의 법문을 들으며 무슨 말을 하는가 하고 입만 바라보는 풍경을 말하고 있습니다. 이는 마치 어머니를 잃은 어린아이와 같다고 했습니다. 어머니를 잃은 아이는 먹고 마시고 자고 하는 것도 소용없습니다. 오로지 어머니가 나타나기만을 바랄 뿐입니다. 법문 듣는 모습이 마치 그와 같다는 것입니다.

도 속 쟁 영 집 취
道俗崢嶸集聚

종 일 청 타 사 어
終日聽他死語

도속인이 다투어 모여들어
종일토록 남의 죽은 말만 듣고 있구나.

　요즘은 승속이라는 표현을 쓰지만 옛날에는 도속道俗이라고 했
습니다. 도속의 도에는 도교를 믿는 사람, 유교를 믿는 사람, 불교
를 믿는 사람이 다 포함되고, 그 외의 사람들을 속俗이라고 표현
합니다.

　그런데 지공 스님이 보기에 이 모든 사람들이 다른 사람의 죽은
말만 듣고 있다는 것입니다.

불 관 기 신 무 상
不觀己身無常

심 행 탐 여 낭 호
心行貪如狼虎

자기의 몸이 무상한 줄 보지 못하고
마음에 탐욕을 부리는 것이 이리와 호랑이 같네.

누구나 자기와 이해관계가 걸려 있으면 탐욕을 부리게 됩니다.
마치 사나운 이리와 호랑이처럼 자기의 배를 채우기 위해 맹렬히
상대를 공격합니다. 원효 스님은 다음과 같이 말씀하셨습니다.

중생중생윤회화택문(衆生衆生輪廻火宅門)
어무량세탐욕불사(於無量世貪慾不捨)
중생마다 불난 집의 문을 윤회하는 것은,
한량없는 세상을 살아오면서 탐욕을 버리지 않기 때문이니라.

감 차 이 승 협 열
堪嗟二乘狹劣

요 수 최 복 육 부
要須摧伏六府

슬프다. 이승들은 소견이 좁아서
오장육부를 억눌러 항복받으려 하네.

이승은 성문·연각을 말하는 것으로 소견이 좁고 편협한 사람을 뜻합니다. 한국 사람은 결가부좌가 체질에 맞지 않는데도 불구하고 부처님께서 그렇게 하셨다 하여 기어코 결가부좌로 앉아야 한다며 우기는 사람이 있습니다. 결국 관절염이 생기고, 이것이 심해져 수술까지 받아야 하는 일이 벌어집니다.

소를 때려야 옳은가, 수레를 쳐야 옳은가? 너무도 당연한 이야기이지만 우리의 삶을 들여다보면 근본을 놓치고 지엽에 매달리는 경우가 많습니다.

불 식 주 육 오 신
不食酒肉五辛

사 안 간 타 음 저
邪眼看他飮咀

술과 고기와 오신채를 먹지 않으며
삿된 눈으로 남이 마시고 먹는 것을 바라보네.

소견이 좁고 편협한 사람들의 이야기입니다. 술과 고기와 오신채를 먹지 않는 것은 좋습니다. 청정하게 사는 게 얼마나 좋습니까. 그런데 이것이 문제입니다. 다른 사람이 먹는 것을 삿된 눈으로 쳐다보고, 속에서는 온갖 증오심·질투심·시기심이 창궐합니다.

자기가 먹지 않는 것은 좋은데, 남이 먹는 것을 가지고 그렇게 흘겨보고 노려보면 어쩌자는 겁니까. 그러는 시간에 심적으로는 자기가 그 사람보다 이미 열 배, 스무 배는 더 먹은 겁니다. 비단 계율 문제만이 아닙니다. 우리가 살아가면서 시시비비를 가리는 일이 얼마나 많습니까.

갱 유 사 행 창 광
更有邪行猖狂

수 기 불 식 염 초
修氣不食鹽醋

더하여 삿된 행위로 어지럽게 날뛰며
기운을 단련하여 소금과 식초를 먹지 않는구나.

탄하복기吞霞服氣라는 말이 있습니다. 기운을 닦는다고 안개를 마시고, 해와 달의 기운을 단전에 모은다는 말입니다. 특히 신선 도를 닦는 사람들은 식초와 소금도 먹지 않습니다.

계를 지킨다면서 다른 사람이 계를 조금 지키지 않는 걸 시비하고 비방하는 사람이 있습니다. 모두 소견이 좁은 사람들의 이야기입니다. 그러면 자기 심성은 어떻게 되겠습니까?

약 오 상 승 지 진
若悟上乘至眞

불 가 분 별 남 녀
不假分別男女

만약 최상승의 지극한 진리를 깨달으면
남녀를 분별함도 없어야 하리라.

상승上乘이란 최상승의 진리, 우리가 바라는 가장 최상의 삶입니다. 교리상의 상승上乘을 생각할 필요가 없습니다. 최상승의 지극한 도를 깨달으면 남녀를 분별함도 없어야 한다고 했습니다. 남녀를 분별하지 않는다면, '주육오신酒肉五辛과 승속'은 말할 것도 없고, 그 이외의 것도 분별하지 않는다는 말입니다. 이 현실상에서 가장 근본적인 차별이 음양陰陽입니다. 곧 현실적으로 남·여가 되는데, 남·여의 분별심이 사라지고 그것을 평등한 본성으로 보는 안목만 갖춘다면 사람살이가 아주 편안해집니다. 우리가 이것저것 분별하고, 차별하고, 가리고, 간택하는 것 때문에 계속 문제가 되고 괴로운 것입니다.

삼대 선시 특강을 마치며

우리는 지금까지 매우 위대한 선시, 참으로 주옥같은 선시에 대하여 공부했습니다.

이제 여러분이 좀 더 공부해서 많은 사람들의 소견을 툭 터지게 가르쳤으면 합니다. 우리는 소중한 사람 몸을 받아 태어났고, 천재일우千載一遇의 기회로 불법을 만났으며, 더욱이 접하기 어려운 삼대 선시까지 배울 수 있는 인연을 맺었습니다. 이런 기회에 자신도 시원한 사람, 남에게 편안한 사람, 툭 터진 사람이 되어 해탈지견, 즉 이웃과 공유하는 기회를 만들게 된다면 더 바랄 것이 없겠습니다.

한정된 시간이라서 강의 내용이 상당히 거칠었습니다. 좀 더 천착하고 싶은 아쉬운 마음도 있습니다. 부족하지만 이 삼대 선시 특강을 통해 다시 공부할 수 있어서 저에게는 아주 큰 소득이었습니다.

고맙습니다.

부
록

신심명信心銘

지 도 무 난　　유 혐 간 택
至道無難　唯嫌揀擇
지극한 도는 어려움이 없으며 오직 간택함을 싫어할 뿐이다

단 막 증 애　　통 연 명 백
但莫憎愛　洞然明白
다만 미워하고 사랑하지 아니하면 환하게 명백하리라.

호 리 유 차　　천 지 현 격
毫釐有差　天地懸隔
털끝만큼이라도 차이가 있으면 하늘과 땅처럼 벌어진다.

욕 득 현 전　　막 존 순 역
欲得現前　莫存順逆
도가 앞에 나타남을 얻고자 하면 순하고 거슬림을 두지 말라.

위 순 상 쟁   시 위 심 병
違順相爭　是爲心病

어기고 순함이 서로 다투면 이것이 마음의 병이 된다.

불 식 현 지   도 로 염 정
不識玄旨　徒勞念靜

깊은 뜻을 알지 못하고 한갓 수고로이 생각만 고요하게 하고자
할 뿐이다.

원 동 태 허   무 흠 무 여
圓同太虛　無欠無餘

원만하기가 태허공과 같아서 모자람도 없고 남음도 없다.

양 유 취 사   소 이 불 여
良由取捨　所以不如

진실로 취사심으로 말미암아 그러한 까닭에 그와 같지 못함이
로다.

막 축 유 연   물 주 공 인
莫逐有緣　勿住空忍

유연도 좇지 말고 공인에도 머물지 말라.

일 종 평 회　민 연 자 진
一種平懷　泯然自盡

한가지로 바르게 마음에 품으면 민연히 사라져서 저절로 다하리라.

지 동 귀 지　지 갱 미 동
止動歸止　止更彌動

움직이는 것을 그쳐 그친 데로 돌아가면 그쳐 있던 것이 다시 더 움직인다.

유 체 양 변　영 지 일 종
唯滯兩邊　寧知一種

오직 양변에 막힘이라, 어찌 한가지임을 알 수 있겠는가.

일 종 불 통　양 처 실 공
一種不通　兩處失功

한가지라는 사실을 통하지 못하면 두 곳에서 그 공능을 잃어버린다.

견 유 몰 유　종 공 배 공
遣有沒有　從空背空

유를 보내면 유에 빠지고 공을 따라가면 공을 등진다.

다언다려　전불상응
多言多慮　轉不相應
말이 많고 생각이 많으면 더욱 상응하지 못한다.

절언절려　무처불통
絕言絕慮　無處不通
말이 끊어지고 생각이 끊어지면 통하지 못할 데가 없다.

귀근득지　수조실종
歸根得旨　隨照失宗
근본에 돌아가면 뜻을 얻고 비춤을 따르면 종지를 잃어버린다.

수유반조　승각전공
須臾返照　勝却前空
짧은 시간에 돌이켜서 비추면 앞 경계가 공한 것보다 수승하리라.

전공전변　개유망견
前空轉變　皆由妄見
앞의 경계가 공하여 변하는 것은 다 망견을 말미암은 것이다.

불용구진　유수식견
不用求眞　唯須息見
진을 구하려 하지 말고 오직 소견을 쉬어야 하리라.

이견부주 신막추심
二見不住 愼莫追尋

두 가지 견해에 머물지 말고 삼가 추심하지 말라.

재유시비 분연실심
纔有是非 紛然失心

잠깐이라도 옳고 그름이 있으면 복잡하여 마음을 잃으리라.

이유일유 일역막수
二由一有 一亦莫守

둘은 하나를 말미암아 있는 것이니 하나 또한 지키지 말라.

일심불생 만법무구
一心不生 萬法無咎

한 마음이 생하지 아니하면 만법에 허물이 없다.

무구무법 불생불심
無咎無法 不生不心

허물이 없으면 법도 없고 생멸도 없고 마음도 없다.

능수경멸 경축능침
能隨境滅 境逐能沈

능(주관)은 경(객관)을 따라서 멸하고 경(객관)은 능(주관)을 좇아서 잠긴다.

경 유 능 경　 능 유 경 능
境由能境　能由境能

객관은 주관을 말미암은 객관이요, 주관은 객관을 말미암은 주관
이다.

욕 지 양 단　 원 시 일 공
欲知兩段　元是一空

양단을 알고자 하면 원래 하나의 공이다.

일 공 동 양　 제 함 만 상
一空同兩　齊含萬象

하나의 공은 둘과 같아서 삼라만상을 가지런히 포함한다.

불 견 정 추　 영 유 편 당
不見精麤　寧有偏黨

정과 추를 보지 않나니 어찌 편당이 있겠는가.

대 도 체 관　 무 이 무 난
大道體寬　無易無難

대도는 그 체가 너그러워서 쉬움도 없고 어려움도 없다.

소 견 호 의   전 급 전 지
小見狐疑　轉急轉遲

작은 견해로 의심하고 의심해서 급하게 할수록 더욱 더디어진다.

집 지 실 도   필 입 사 로
執之失度　必入邪路

너무 집착하면 법도를 잃어버려 반드시 삿된 길로 들어서게 된다.

방 지 자 연   체 무 거 주
放之自然　體無去住

놓아 버리면 저절로 그러함이니 자체에 가고 머묾이 없다.

임 성 합 도   소 요 절 뇌
任性合道　逍遙絶惱

성품에 맡기면 도에 합해서 소요자재히 번거로움을 끊는다.

계 념 괴 진   혼 침 불 호
繫念乖眞　昏沈不好

생각에 얽매이면 진실과 어긋나나니 혼침도 좋지 않다.

불 호 노 신   하 용 소 친
不好勞神　何用疎親

좋지 않은 것과 정신을 수고롭게 하는 것에 어찌 멀고 가까움을 사용하겠는가.

욕 취 일 승   물 오 육 진
欲趣一乘　勿惡六塵

일승에 나아가고자 하면 육진을 싫어하지 말라.

육 진 불 오   환 동 정 각
六塵不惡　還同正覺

육진을 싫어하지 않으면 또한 정각과 같다.

지 자 무 위   우 인 자 박
智者無爲　愚人自縛

지혜로운 사람은 조작이 없거늘 어리석은 사람은 스스로 묶이
도다.

법 무 이 법   망 자 애 착
法無異法　妄自愛着

법에는 다른 법이 없는데 망령되이 스스로 애착한다.

장 심 용 심   기 비 대 착
將心用心　豈非大錯

마음으로써 마음을 쓰니 어찌 크게 그르치는 것이 아니겠는가.

미 생 적 난　오 무 호 오
迷生寂亂　悟無好惡

미혹하면 고요함과 어지러움이 생기고 깨달음에는 좋고 싫음이 없다.

일 체 이 변　양 유 짐 작
一切二邊　良由斟酌

일체 이변은 진실로 짐작을 말미암는다.

몽 환 공 화　하 로 파 착
夢幻空華　何勞把捉

꿈이요, 환이요, 헛꽃인 것을 어찌 수고로이 잡으려 하는가.

득 실 시 비　일 시 방 각
得失是非　一時放却

득실과 손실과 옳고 그름을 일시에 놓아 버려라.

안 약 불 수　제 몽 자 제
眼若不睡　諸夢自除

눈이 만약 잠들지 아니하면 모든 꿈이 저절로 사라진다.

심 약 불 이　만 법 일 여
心若不異　萬法一如

마음이 만약 달라지지 않으면 만법이 일여하다.

일 여 체 현　올 이 망 연
一如體玄　兀爾忘緣

일여한 체는 깊고 깊어 올연히 인연을 잊는다.

만 법 제 관　귀 복 자 연
萬法齊觀　歸復自然

만법을 가지런히 보면 저절로 그러함에 돌아간다.

민 기 소 이　불 가 방 비
泯其所以　不可方比

그 꼬투리를 없애면 견주어 비할 데가 없다.

지 동 무 동　동 지 무 지
止動無動　動止無止

그치면서 움직이면 움직임이 없고 움직이면서 그치면 그침이
없다.

양 기 불 성　일 하 유 이
兩旣不成　一何有爾

두 가지가 이미 이루어지지 않았으니 하나인들 어찌 있을 것인가.

구경궁극 부존궤칙
究竟窮極　不存軌則

구경이요, 궁극이라 궤칙을 두지 않는다.

계심평등 소작구식
契心平等　所作俱息

마음이 평등한 데 계합하면 짓는 것이 다 쉬리라.

호의정진 정신조직
狐疑淨盡　正信調直

의심하고 의심하는 것이 깨끗이 다하면 바른 믿음이 조화롭고
곧다.

일체불류 무가기억
一切不留　無可記憶

일체를 머물러 두지 아니하여 기억할 것이 없다.

허명자조 불로심력
虛明自照　不勞心力

텅 비어 밝고 스스로 비추어서 마음의 힘을 수고롭게 하지 않
는다.

비 사 량 처　식 정 난 측
非思量處　識情難測
사량할 곳이 아니니 식정으로 측량하기 어렵다.

진 여 법 계　무 타 무 자
眞如法界　無他無自
진여법계에는 타인도 없고 자신도 없다.

요 급 상 응　유 언 불 이
要急相應　唯言不二
급히 상응하기를 바란다면 오직 둘이 아니라고 말할 뿐이다.

불 이 개 동　무 불 포 용
不二皆同　無不包容
둘이 아니면 다 같아서 포용하지 아니함이 없다.

시 방 지 자　개 입 차 종
十方智者　皆入此宗
시방의 지혜로운 사람은 모두 이 종지에 들어간다.

종 비 촉 연　일 념 만 년
宗非促延　一念萬年
종지는 촉박하거나 오랜 것이 아니니 한순간이 만년이로다.

무 재 부 재   시 방 목 전
無在不在　十方目前

있고 있지 않음이 없어서 시방이 목전이로다.

극 소 동 대   망 절 경 계
極小同大　忘絕境界

지극히 작은 것은 큰 것과 같아서 경계가 모두 끊어지고

극 대 동 소   불 견 변 표
極大同小　不見邊表

지극히 큰 것은 작은 것과 같아서 변표를 볼 수 없다.

유 즉 시 무   무 즉 시 유
有卽是無　無卽是有

있는 것은 곧 없는 것이요, 없는 것은 곧 있는 것이다.

약 불 여 차   불 필 수 수
若不如此　不必須守

만약 이와 같지 아니하면 모름지기 지킬 것이 아니다.

일 즉 일 체   일 체 즉 일
一卽一切　一切卽一

하나가 곧 일체요, 일체가 곧 하나이다.

단 능 여 시　　하 려 불 필
但能如是　何慮不畢

다만 이와 같이만 되면 어찌 마치지 못함을 염려하겠는가.

신 심 불 이　　불 이 신 심
信心不二　不二信心

신심은 둘이 아니며 둘이 아닌 것이 신심이다.

언 어 도 단　　비 거 래 금
言語道斷　非去來今

언어의 길이 끊어져서 과거 미래 현재가 아니다.

증도가證道歌

군 불 견
君不見

절 학 무 위 한 도 인
絕學無爲閒道人

부 제 망 상 불 구 진
不除妄想不求眞

무 명 실 성 즉 불 성
無明實性卽佛性

환 화 공 신 즉 법 신
幻化空身卽法身

그대는 알리라.

배울 것도 없고 할 일도 없는 한가한 도인은

망상을 버리지도 않고 진심을 구하지도 않네.

무명의 실제 성품이 그대로 부처님 성품이요,

환영 같은 허망한 육신이 그대로 법신이네.

법 신 각 료 무 일 물
法身覺了無一物

본 원 자 성 천 진 불
本源自性天眞佛

오 음 부 운 공 거 래
五陰浮雲空去來

삼 독 수 포 허 출 몰
三毒水泡虛出沒

법신을 깨닫고 나니 아무것도 없고

모든 존재의 근본 자성이 그대로 천진불이로다.

오음의 육신도 뜬구름이라 부질없이 오가고

삼독의 번뇌도 물거품이라 헛되이 출몰하네.

증 실 상 무 인 법
證實相無人法

찰 나 멸 각 아 비 업
刹那滅却阿鼻業

약 장 망 어 광 중 생
若將妄語誑衆生

자 초 발 설 진 사 겁
自招拔舌塵沙劫

실상을 증득하니 나와 남의 분별이 없어지고

찰나 사이에 무간지옥의 업이 사라지네.

만약 거짓말로 중생을 속이는 것이라면

영원히 발설지옥에서 사는 업보를 자초하리라.

돈 각 료 여 래 선
頓覺了如來禪

육 도 만 행 체 중 원
六度萬行體中圓

몽 리 명 명 유 육 취
夢裏明明有六趣

교 후 공 공 무 대 천
覺後空空無大千

여래선의 높은 경지를 순식간에 깨달으니

육도만행을 닦아 얻어지는 공덕이 마음 안에 다 있네.

꿈속에서는 분명하고 분명하게 육취가 있으나

꿈을 깨고 나면 텅텅 비어 온 세상이 하나도 없네.

무 죄 복 무 손 익
無罪福無損盆

적 멸 성 중 막 문 멱
寂滅性中莫問覓

비 래 진 경 미 증 마
比來塵鏡未曾磨

今日分明須剖析

죄도 없고 복도 없고 손해도 없고 이익도 없으니

적멸한 성품 가운데서 아무것도 찾지 말라.

예전에는 때 묻은 거울을 미처 닦지 못했었는데

오늘에는 분명하게 거울을 쪼개어 버렸네.

수 무 념 수 무 생
誰無念誰無生

약 실 무 생 무 불 생
若實無生無不生

환 취 기 관 목 인 문
喚取機關木人問

구 불 시 공 조 만 성
求佛施功早晚成

누가 무념이라 하고 누가 무생멸이라 했던가.

만약 진실로 생멸이 없다면 생멸하지 않음도 없네.

나무로 만든 허수아비 사람에게 물어보아라.

성불하기 위해서 공덕을 베푼들 언제 이루겠는가.

방 사 대 막 파 착
放四大莫把捉

적 멸 성 중 수 음 탁
寂滅性中隨飮啄

제 행 무 상 일 체 공
諸行無常一切空

즉 시 여 래 대 원 각
卽是如來大圓覺

사대를 놓아버려 붙들고 있지 말고

적멸한 성품 가운데서 인연 따라 먹고 마시라.

제행이 무상하여 일체가 공한 것이

그것이 곧 여래의 크고 원만한 깨달음이니라.

결 정 설 표 진 승
決定說表眞乘

유 인 불 긍 임 정 징
有人不肯任情徵

직 절 근 원 불 소 인
直截根源佛所印

적 엽 심 지 아 불 능
摘葉尋枝我不能

분명하고 확실한 가르침과 진실을 나타낸 법을

수긍하지 않는 사람이 있다면 마음껏 물어보라.

근원을 바로 깨달은 것은 부처님이 인가한 바요,

잎을 따고 가지를 찾는 일은 나는 능하지 못함이로다.

마 니 주 인 불 식
摩尼珠人不識

여 래 장 리 친 수 득
如來藏裡親收得

육 반 신 용 공 불 공
六般神用空不空

일 과 원 광 색 비 색
一顆圓光色非色

여의주를 사람들이 알지 못하니

여래의 창고 속에 친히 감추어 두었도다.

여섯 가지 신통묘용은 공하면서 공하지 아니하고

한 덩어리의 둥근 광명은 빛이면서 빛이 아니로다.

정 오 안 득 오 력
淨五眼得五力

유 증 내 지 난 가 측
唯證乃知難可測

경 리 간 형 견 불 난
鏡裡看形見不難

수 중 착 월 쟁 염 득
水中捉月爭拈得

다섯 가지 눈을 갖추고 다섯 가지 힘을 얻는 것은

오직 증득해야 알 바요, 헤아리기 어려움이라.

거울 속의 형상이야 보기 어렵지 않겠지만
물속의 달을 잡으려 한들 어찌 건질 수 있겠는가.

상 독 행 상 독 보
常獨行常獨步

달 자 동 유 열 반 로
達者同遊涅槃路

조 고 신 청 풍 자 고
調古神淸風自高

모 췌 골 강 인 불 고
貌悴骨剛人不顧

나는 항상 홀로 다니고 항상 홀로 걷지만
통달한 사람끼리 열반의 길에서 함께 노닌다.
곡조가 예스럽고 기운이 맑아 그 기풍 절로 높지만
얼굴이 초췌하고 뼈가 앙상해 사람들 돌아보지 않네.

궁 석 자 구 칭 빈
窮釋子口稱貧

실 시 신 빈 도 불 빈
實是身貧道不貧

빈 즉 신 상 피 루 갈
貧則身常被縷褐

도 즉 심 장 무 가 진
道則心藏無價珍

궁색한 부처님의 제자들은 입으로는 가난하다고 하지만

실은 이 몸이 가난하지 도가 가난한 것은 아닐세.

가난한 면으로는 몸에 항상 누더기를 입었고

도의 입장으로는 마음에 무가보를 지니고 있네.

무 가 진 무 용 진
無價珍用無盡

이 물 응 기 종 불 린
利物應機終不恪

삼 신 사 지 체 중 원
三身四智體中圓

팔 해 육 통 심 지 인
八解六通心地印

그 무가보를 아무리 써도 다 쓸 수 없으니

사람들을 이롭게 하고 근기를 따라 베푸는 일에 끝내 아끼지 않네.

삼신과 사지가 내 마음 가운데 원만히 갖춰져 있고

팔해탈과 육신통도 본래 마음 땅에 모두 있었네.

상 사 일 결 일 체 요
上士一決一切了

중 하 다 문 다 불 신
中下多聞多不信

단 자 회 중 해 구 의
但自懷中解垢衣

수 능 향 외 과 정 진
誰能向外誇精進

상근기는 하나를 해결해 일체를 다 마치지만

중근기와 하근기는 그렇게 많이 들어도 믿지를 않네.

다만 스스로 마음 가운데서 때 묻은 옷을 벗어 버릴지언정

누가 능히 밖을 향해서 자신의 정진을 자랑할 것인가.

종 타 방 임 타 비
從他謗任他非

파 화 소 천 도 자 피
把火燒天徒自疲

아 문 흡 사 음 감 로
我聞恰似飲甘露

소 융 돈 입 부 사 의
銷融頓入不思議

사람들이 비방하고 헐뜯게 내버려 두어라.

불로 하늘을 태우려는 짓이라 스스로 피로할 뿐이로다.

나는 비방하는 말을 들으니 흡사 감로수를 마시는 것과 같아

깡그리 녹아서 불가사의한 경계로 몰록 들어가는구나.

관 악 언 시 공 덕
觀惡言是功德

차 즉 성 오 선 지 식
此則成吾善知識

불 인 산 방 기 원 친
不因訕謗起怨親

하 표 무 생 자 인 력
何表無生慈忍力

악한 말을 가만히 살펴보니 이것이야말로 공덕이라.

이렇게 되면 악한 말을 하는 이가 곧 나의 선지식이로다.

비방으로 인해 원수와 친한 마음을 일으키는 일이 아니면

생사를 초월한 자비와 인욕의 힘을 어찌 나타낼 수 있으랴.

종 역 통 설 역 통
宗亦通說亦通

정 혜 원 명 불 체 공
定慧圓明不滯空

비 단 아 금 독 달 요
非但我今獨達了

항 사 제 불 체 개 동
恒沙諸佛體皆同

근본 종지도 통달하고 설법도 또한 통달하여

선정과 지혜가 원만하고 밝아서 공에 막히지 않도다.

비단 나만 지금 홀로 통달해서 마친 것이 아니요,

항하의 모래 수와 같은 모든 깨달은 이들의 마음이 다 같도다.

사 자 후 무 외 설
獅子吼無畏說

백 수 문 지 개 뇌 열
百獸聞之皆腦裂

향 상 분 파 실 각 위
香象奔波失却威

천 룡 적 청 생 흔 열
天龍寂聽生欣悅

사자후와 같은 두려움 없는 설법이여,

백 가지 짐승들은 그 소리를 듣고 모두 뇌가 찢어지고

코끼리는 위엄을 잃고 분주히 달아나며

천신들과 용들은 가만히 듣고 법회선열에 충만하네.

유 강 해 섭 산 천
遊江海涉山川

심 사 방 도 위 참 선
尋師訪道爲參禪

자 종 인 득 조 계 로
自從認得曹溪路

요 지 생 사 불 상 관
了知生死不相關

강과 바다를 건너 온 산천을 두루 다니면서

스승을 찾고 도를 물어 참선에 열중하다가

조계의 길에서 인가를 받음으로부터

생사가 나와 관계없다는 사실을 깨달아 알았도다.

행 역 선 좌 역 선
行亦禪坐亦禪

어 묵 동 정 체 안 연
語黙動靜體安然

종 우 봉 도 상 탄 탄
縱遇鋒刀常坦坦

가 요 독 약 야 한 한
假饒毒藥也閑閑

아 사 득 견 연 등 불
我師得見燃燈佛

다 겁 증 위 인 욕 선
多劫曾爲忍辱仙

걸어 다녀도 참선이요, 앉아 있어도 참선이니

말하건 침묵하건 움직이건 고요하건 마음은 부동이라.

비록 창과 칼을 만난다 하더라도 항상 태연하며

가령 독약을 먹더라도 또한 동요 없이 편안하도다.

우리 스승 석가모니도 연등 부처님을 친견하고

수많은 세월 동안 인욕선인이 되었었네.

기 회 생 기 회 사
幾回生幾回死

생 사 유 유 무 정 지
生死悠悠無定止

자 종 돈 오 요 무 생
自從頓悟了無生

어 제 영 욕 하 우 희
於諸榮辱何憂喜

몇 번이나 태어나고 몇 번이나 죽었던가.

태어나 죽고 또 태어나는 일이 멈추지 않네.

몰록 깨달아 생사가 없는 이치를 알고부터는

온갖 영광과 오욕에 무슨 근심이 있고 무슨 기쁨이 있겠는가.

입 심 산 주 란 야
入深山住蘭若

잠 음 유 수 장 송 하
岑崟幽邃長松下

우 유 정 좌 야 승 가
優遊靜坐野僧家

격 적 한 거 실 소 쇄
闃寂閑居實蕭灑

깊은 산에 들어가 적정한 곳에서 사니

산은 높고 골짜기는 깊어 낙락장송 숲속이로다.

한가롭고 편안하게 야승의 움막에 조용히 앉아

호젓하고 쓸쓸하게 한가로이 사니 맑고 깨끗하기 이를 데 없다.

각 즉 요 불 시 공
覺卽了不施功

일 체 유 위 법 부 동
一切有爲法不同

주 상 보 시 생 천 복
住相布施生天福

유 여 앙 전 사 허 공
猶如仰箭射虛空

깨달으면 곧 다 끝나고 더 이상의 노력을 베풀지 않는다.

일체 유위의 법은 모두가 다 차별되고 다르니라.

상에 집착하여 베푸는 것은 천상에 태어나는 복은 되지만

마치 하늘을 향해 화살을 쏘는 것과 같다네.

세 력 진 전 환 추
勢力盡箭還墜

초 득 래 생 불 여 의
招得來生不如意

쟁 사 무 위 실 상 문
爭似無爲實相門

일 초 직 입 여 래 지
一超直入如來地

올라가는 힘이 다하면 화살은 도리어 떨어지니

오는 세상에 뜻과 같지 못함을 초래하게 되리라.

어찌 아무런 작위가 없는 실상의 도리에서

한 번 뛰어 여래의 경지에 들어가는 것만 하겠는가.

단 득 본 막 수 말
但得本莫愁末

여 정 유 리 함 보 월
如淨琉璃含寶月

아 금 해 차 여 의 주
我今解此如意珠

자 리 이 타 종 불 갈
自利利他終不竭

다만 근본을 얻고 지말적인 것을 근심하지 말라.

마치 깨끗한 유리구슬 안에 보배의 달을 머금고 있는 것과 같

도다.

내가 지금 이 여의주를 풀어놓았으니

자신도 이롭고 남도 이롭게 함에 마침내 다함이 없도다.

강 월 조 송 풍 취
江月照松風吹

영 야 청 소 하 소 위
永夜淸霄何所爲

불 성 계 주 심 지 인
佛性戒珠心地印

무 로 운 하 체 상 의
霧露雲霞體上衣

강에 달은 비치고 소나무에 바람은 부는데

긴 밤 맑은 하늘에 무엇을 해야 할까.

불성이라는 계의 구슬은 마음 땅의 도장이요,

안개, 이슬, 구름, 노을은 본체 위의 옷이로다.

항 용 발 해 호 석
降龍鉢解虎錫

양 고 금 환 명 역 력
兩鈷金鐶鳴歷歷

불 시 표 형 허 사 지
不是標形虛事持

여 래 보 장 친 종 적
如來寶杖親蹤跡

용을 항복받은 발우와 호랑이의 싸움을 말린 석장으로

두 고리에 달린 여섯 고리가 쩌렁쩌렁 울리는 것은

모양을 나타내자고 헛되이 가진 것이 아니라

여래의 보배 주장자를 친히 본받음이로다.

불 구 진 부 단 망
不求眞不斷妄

요 지 이 법 공 무 상
了知二法空無相

무 상 무 공 무 불 공
無相無空無不空

즉 시 여 래 진 실 상
卽是如來眞實相

진리도 구하지 않고 망상도 끊지 않나니

두 가지 법이 공하여 형상이 없는 줄을 분명히 알았도다.

상도 없고 공도 없고 공하지 않음도 없음이여,

그것이 곧 여래의 진실한 모습이로다.

심 경 명 감 무 애
心鏡明鑑無碍

확 연 영 철 주 사 계
廓然瑩徹周沙界

만 상 삼 라 영 현 중
萬象森羅影現中

일 과 원 광 비 내 외
一顆圓光非內外

마음의 거울은 밝고 비치는 것이 걸림이 없어서

확연히 밝게 사무쳐서 무한한 세계에 광대하도다.

삼라만상이 거울속의 그림자처럼 나타나 있고

한 덩어리 원만한 광명은 안과 밖이 아니로다.

활 달 공 발 인 과
豁達空撥因果

망 망 탕 탕 초 앙 화
茫茫蕩蕩招殃禍

기 유 착 공 병 역 연
棄有着空病亦然

환 여 피 익 이 투 화
還如避溺而投火

아무것도 없이 텅 비워 인과를 부정하니

어둡고 아득하여 재앙을 불러오도다.

있음을 버리고 없는 데 집착하면 그 병도 또한 같으니

물에 빠지는 것을 피해 불 속으로 뛰어드는 것과 같도다.

사 망 심 취 진 리
捨妄心取眞理

취 사 지 심 성 교 위
取捨之心成巧僞

학 인 불 료 용 수 행
學人不了用修行

진 성 인 적 장 위 자
眞成認賊將爲子

망심을 버리고 진리를 취하는 것이여,

취하고 버리는 마음이 교묘한 거짓을 이루는구나.

공부하는 사람이 그러한 이치를 깨닫지 못하고 수행을 하니

참으로 도적을 오인해서 아들을 삼음이로다.

손 법 재 멸 공 덕
損法財滅功德

막 불 유 사 심 의 식
莫不由斯心意識

시 이 선 문 요 각 심
是以禪門了却心

돈 입 무 생 지 견 력
頓入無生知見力

법의 재산을 손상시키고 공덕을 소멸하게 하는 것은

이런 심·의·식을 말미암지 아니함이 없으니

그러므로 선문에서는 심·의·식을 떨쳐 버리고
생멸이 없는 지견의 힘에 몰록 들어가도다.

대 장 부 병 혜 검
大丈夫秉慧劍

반 야 봉 혜 금 강 염
般若鋒兮金剛焰

비 단 능 최 외 도 심
非但能摧外道心

조 증 락 각 천 마 담
早曾落却天魔膽

대장부가 지혜의 칼을 잡은 것은
반야의 칼날이요, 금강의 불꽃이로다.
비단 능히 외도의 마음을 꺾을 뿐만 아니라
일찍이 천신과 마구니의 간담을 떨어트렸었네.

진 법 뢰 격 법 고
震法雷擊法鼓

포 자 운 혜 쇄 감 로
布慈雲兮灑甘露

용 상 축 답 윤 무 변
龍象蹴踏潤無邊

삼 승 오 성 개 성 오
三乘五性皆惺悟

법의 우레를 떨치고 법의 북을 두드림이여,

자비의 구름을 펼치고 감로의 법비를 뿌림이로다.

용과 코끼리가 차고 밟고 지나가 윤택함이 넘쳐 나니

삼승과 오성이 모두 다 깨어나네.

설 산 비 니 갱 무 잡
雪山肥膩更無雜

순 출 제 호 아 상 납
純出醍醐我常納

일 성 원 통 일 체 성
一性圓通一切性

일 법 변 함 일 체 법
一法遍含一切法

설산의 비니초 밭에는 잡된 풀이 하나도 없어

그것을 먹은 소의 제호를 내가 항상 마시도다.

하나의 성품이 일체의 성품에 원만하게 통하고

하나의 법이 일체의 법을 두루 포함하도다.

일 월 보 현 일 체 수
一月普現一切水

일체 수월 일월 섭
一切水月一月攝

제불 법신 입 아 성
諸佛法身入我性

아 성 환 공 여 래 합
我性還共如來合

하나의 달이 모든 물에 널리 나타나고
물에 비친 모든 달 하나의 달에 포섭되네.
모든 부처님의 법신이 내 성품에 들어오고
나의 성품이 또 여래와 함께 합하도다.

일 지 구 족 일 체 지
一地具足一切地

비 색 비 심 비 행 업
非色非心非行業

탄 지 원 성 팔 만 문
彈指圓成八萬門

찰 나 멸 각 삼 기 겁
刹那滅却三祇劫

일 체 수 구 비 수 구
一切數句非數句

여 오 영 각 하 교 섭
與吾靈覺何交涉

하나의 지위가 모든 지위를 다 갖추고 있으니
육신도 아니고 마음도 아니고 행업도 아니다.
손가락 한 번 튕기는 사이에 온갖 수행을 원만하게 이루었고
찰나 사이에 삼아승지겁을 소멸하였네.
일체의 법수와 법수가 아닌 법문들이여,
내 신령스런 깨달음과 무슨 교섭이 있을 것인가.

불 가 훼 불 가 찬
不可毀不可讚

체 약 허 공 물 애 안
體若虛空勿涯岸

불 리 당 처 상 담 연
不離當處常湛然

멱 즉 지 군 불 가 견
覓則知君不可見

훼방할 수도 없고 찬탄할 수도 없음이여,
심체는 허공과 같아서 가장자리가 없다.
당처를 떠나지 않고 있으면서 항상 맑고 깨끗하나
찾으면 분명히 알겠구나, 그대가 볼 수 없음을.

취 부 득 사 부 득
取不得捨不得

불 가 득 중 지 마 득
不可得中只麼得

묵 시 설 설 시 묵
黙時說說時黙

대 시 문 개 무 옹 색
大施門開無壅塞

취할 수도 없고 버릴 수도 없으니

얻을 수 없는 가운데서 또 그렇게 얻는다.

침묵하면서 말하고 말하면서 침묵하니

크게 베푸는 문이 활짝 열려 옹색함이 없다.

유 인 문 아 해 하 종
有人問我解何宗

보 도 마 하 반 야 력
報道摩訶般若力

혹 시 혹 비 인 불 식
或是或非人不識

역 행 순 행 천 막 측
逆行順行天莫測

오 조 증 경 다 겁 수
吾早曾經多劫修

불 시 등 한 상 광 혹
不是等閑相誑惑

어떤 사람이 나에게 무슨 종취를 아느냐고 물으면

마하반야의 힘이라고 대답하리라.

혹자는 옳다 하고 혹자는 그르다 하지만 사람들은 알지 못하고

역행하기도 하고 순행하기도 하니 천신도 측량하지 못하네.

나는 일찍이 다겁을 지내면서 수행하였기에

등한히 속이고 미혹하게 하는 것이 아니다.

건 법 당 입 종 지
建法幢立宗旨

명 명 불 칙 조 계 시
明明佛勅曹溪是

제 일 가 섭 수 전 등
第一迦葉首傳燈

이 십 팔 대 서 천 기
二十八代西天記

법의 깃발을 세우고 종지를 드날리니

너무나도 분명한 부처님의 법이며 조계 육조가 바로 그것이로다.

제일 먼저 가섭 존자가 그 등불을 전해 받으사

28대 달마스님까지가 서천의 기록일새.

법 동 류 입 차 토
法東流入此土

보 리 달 마 위 초 조
菩提達磨爲初祖

육 대 전 의 천 하 문
六代傳衣天下聞

후 인 득 도 하 궁 수
後人得道何窮數

법이 동쪽으로 흘러 중국에 들어와서

보리달마가 초조가 되었네.

육대까지 내려오면서 옷과 법을 전한 것은 천하가 다 알고

후인들이 득도한 것이야 어찌 다 헤아리랴.

진 불 립 망 본 공
眞不立妄本空

유 무 구 견 불 공 공
有無俱遣不空空

이 십 공 문 원 불 착
二十空門元不著

일 성 여 래 체 자 동
一性如來體自同

진도 세울 만한 것이 아니고 망도 본래 공한 것이라.

유와 무를 함께 버리니 공하지 않으면서 공하네.

스무 가지 공의 문에 원래 집착하지 않으니

하나인 성품의 여래는 그 본체가 저절로 동일함이라.

심 시 근 법 시 진
心是根法是塵

양 종 유 여 경 상 흔
兩種猶如鏡上痕

흔 구 진 제 광 시 현
痕垢盡除光始現

심 법 쌍 망 성 즉 진
心法雙亡性卽眞

마음은 뿌리가 되고 법은 티끌이 되어

두 가지가 마치 거울 위의 흠집과 같다.

흠집과 때가 다했을 때 광명이 비로소 나타나고

마음과 법이 함께 없어지면 성품이 곧 진실함이라.

차 말 법 악 시 세
嗟末法惡時世

중 생 박 복 난 조 제
衆生薄福難調制

거 성 원 혜 사 견 심
去聖遠兮邪見深

마 강 법 약 다 원 해
魔强法弱多怨害

문 설 여 래 돈 교 문
聞說如來頓敎門

한 불 멸 제 령 와 쇄
恨不滅除令瓦碎

아 슬프다, 이 말법 시대 악한 세상에

중생들 박복하여 조복받기 어렵도다.

성인에게 가기가 시간적으로 멀어서 삿된 소견은 깊어지고

마구니는 강하고 정법은 약해져 미워하고 훼방하는 일이 많도다.

여래의 돈교법문 설하는 것을 듣고도

없애 버리고 부숴 버리지 못함을 한탄하는구나.

작 재 심 앙 재 신
作在心殃在身

불 수 원 소 갱 우 인
不須怨訴更尤人

욕 득 불 초 무 간 업
欲得不招無間業

막 방 여 래 정 법 륜
莫謗如來正法輪

짓는 것은 마음이 하고 재앙은 몸이 받으니

모름지기 남을 원망하고 하소연하거나 허물하지 말지어다.

무간지옥에 떨어질 업을 초래하지 않고자 하거든

여래의 정법을 비방하지 말라.

전 단 림 무 잡 수
栴檀林無雜樹

울 밀 심 침 사 자 주
鬱密深沉獅子住

경 정 림 한 독 자 유
境靜林閒獨自遊

주 수 비 금 개 원 거
走獸飛禽皆遠去

전단향나무의 숲에는 잡된 나무가 없으니

울창하고 깊숙하여 사자가 머무는지라.

경계는 고요하고 숲속은 한가하여 내 홀로 노니니

짐승과 새들은 다 멀리 멀리 가 버리네.

사 자 아 중 수 후
獅子兒衆隨後

삼 세 변 능 대 효 후
三歲便能大哮吼

약 시 야 간 축 법 왕
若是野干逐法王

백 년 요 괴 허 개 구
百年妖怪虛開口

사자 새끼 무리들만 뒤를 따르며

세 살만 되면 곧 크게 포효를 할 줄 안다.

만약 들여우가 법왕을 쫓으려 한다면

백 년이 되어도 요괴인지라 헛되이 입만 벌리도다.

원 돈 교 몰 인 정
圓頓敎沒人情

유 의 불 결 직 수 쟁
有疑不決直須爭

불 시 산 승 영 인 아
不是山僧逞人我

수 행 공 락 단 상 갱
修行恐落斷常坑

원만한 가르침은 인정이 없으니

의심이 있어 해결하지 못하거든 곧바로 따져 볼지어다.

산승이 아상 인상을 드러내려고 하는 것이 아니라

수행하는 데 단견과 상견의 구덩이에 떨어질까 염려해서니라.

비 불 비 시 불 시
非不非是不是

차 지 호 리 실 천 리
差之毫釐失千里

시 즉 용 녀 돈 성 불
是則龍女頓成佛

비 즉 선 성 생 함 추
非則善星生陷墜

그름과 그르지 아니한 것과 옳음과 옳지 아니함이여,

호리만큼만 어긋나도 천리를 잃어버린다.

옳은 입장으로는 용녀도 순식간에 성불을 했고

그른 입장으로는 선성 비구도 산 채로 지옥에 떨어졌네.

오 조 연 래 적 학 문
吾早年來積學問

역 증 토 소 심 경 론
亦曾討疏尋經論

분 별 명 상 부 지 휴
分別名相不知休

입 해 산 사 도 자 곤
入海算沙徒自困

나는 일찍부터 학문을 많이 쌓아서

소초도 찾고 경론도 찾아 헤맸다.

명상을 분별하기를 쉴 줄을 모른 것이

바다에 들어가서 모래를 세는 격이라 스스로 피로할 뿐이었네.

각 피 여 래 고 가 책
却被如來苦呵責

수 타 진 보 유 하 익
數他珍寶有何益

종 래 층 등 각 허 행
從來蹭蹬覺虛行

다 년 왕 작 풍 진 객
多年枉作風塵客

도리어 여래의 호된 꾸지람을 듣고 보니

다른 사람의 보배를 세는 격이라 나에게 무슨 이익이 있었겠는가.

예전에는 걸음을 제대로 걷지 못하여 헛되게 행했음을 깨달으니

오랜 세월 동안 잘못되게 풍진객이 되었더라.

종 성 사 착 지 해
種性邪錯知解

부 달 여 래 원 돈 제
不達如來圓頓制

이 승 정 진 물 도 심
二乘精進勿道心

외 도 총 명 무 지 혜
外道聰明無智慧

종성이 삿되고 잘못 알고 있었음이여,

여래의 원만한 법을 통달하지 못했더라.

이승들의 정진은 도의 마음이 아니요,

외도는 아무리 총명해도 지혜가 없는지라

역 우 치 역 소 애
亦愚癡亦小騃

공 권 지 상 생 실 해
空拳指上生實解

집 지 위 월 왕 시 공
執指爲月枉施功

근 경 법 중 허 날 괴
根境法中虛捏怪

어리석고 또 어리석으니

빈주먹 안에 무엇을 가지고 있다고 잘못 알았네.

손가락을 집착하여 달을 삼으니 그릇 노력을 하고

육근과 육경의 법 가운데서 헛되이 눈을 비비도다.

불 견 일 법 즉 여 래
不見一法卽如來

방 득 명 위 관 자 재
方得名爲觀自在

요 즉 업 장 본 래 공
了卽業障本來空

미 료 환 수 상 숙 채
未了還須償宿債

한 법도 보지 않는 것이 곧 여래이니

바야흐로 이름을 관자재라고 한다.

깨달으면 업장이 본래 공하지만
깨닫지 못하면 모름지기 묵은 빚을 갚아야 한다.

기 봉 왕 선 불 능 손
飢逢王饍不能湌

병 우 의 왕 쟁 득 차
病遇醫王爭得差

재 욕 행 선 지 견 력
在欲行禪知見力

화 중 생 련 종 불 괴
火中生蓮終不壞

용 시 범 중 오 무 생
勇施犯重悟無生

조 시 성 불 우 금 재
早時成佛于今在

배는 고픈데 왕의 음식을 만났으나 먹지를 않으니
병든 사람이 의왕을 만난들 어찌 나을 수 있으랴.
욕심의 상태에 있으면서 선정을 닦는 것은 지견의 힘이니
비유컨대 불속에서 연꽃이 피는 것과 같아서 마침내 파괴되지 않
도다.
용시 비구는 중죄를 범하고도 생사가 없는 도리를 깨달았으니
일찍이 성불하시어 지금도 계신다.

사 자 후 무 외 설
獅子吼無畏說

심 차 몽 동 완 피 달
深嗟懞憧頑皮靼

지 지 범 중 장 보 리
只知犯重障菩提

불 견 여 래 개 비 결
不見如來開秘訣

사자후와 같은 두려움 없는 설법이여,

어리석어서 마치 완악한 가죽과 같음을 슬퍼하도다.

다만 중죄를 범하면 보리에 장애가 된다는 사실만 알고

여래가 열어 놓은 그 비결을 보지 못하는구나.

유 이 비 구 범 음 살
有二比丘犯淫殺

바 리 형 광 증 죄 결
波離螢光增罪結

유 마 대 사 돈 제 의
維摩大士頓除疑

환 동 혁 일 소 상 설
還同赫日銷霜雪

두 비구가 있어서 음행과 살인을 범했을 때

우바리 존자의 반딧불 같은 소견은 죄의 매듭만 증장시켰지만

유마 대사는 몰록 의심을 제거한 것이

뜨거운 태양이 서리나 눈을 녹이는 것과 같았네.

부 사 의 해 탈 력
不思議解脫力

묘 용 항 사 야 무 극
妙用恒沙也無極

사 사 공 양 감 사 로
四事供養敢辭勞

만 냥 황 금 역 소 득
萬兩黃金亦銷得

분 골 쇄 신 미 족 수
粉骨碎身未足酬

일 구 요 연 초 백 억
一句了然超百億

불가사의한 해탈의 힘이여,

묘한 작용이 항하의 모래 수와 같아 다함이 없네.

네 가지 공양을 감히 수고롭다고 사양할 것인가

하루에 만 냥의 황금을 쓴다 하더라도 다 녹일 수 있다.

분골쇄신한다 하더라도 깨닫지 못하면 족히 갚을 수가 없으나

한 구절에 환히 깨달으면 백억 배를 초과하여 은혜를 갚으리라.

법 중 왕 최 고 승
法中王最高勝

항 사 여 래 동 공 증
恒沙如來同共證

아 금 해 차 여 의 주
我今解此如意珠

신 수 지 자 개 상 응
信受之者皆相應

법 가운데 왕이요, 가장 뛰어나니

항하의 모래 수와 같은 여래들이 다 함께 증득하였네.

내가 지금 이 여의주를 풀어놓았으니

믿고 받아 가지는 사람들은 다 상응할 것이다.

요 요 견 무 일 물
了了見無一物

역 무 인 혜 역 무 불
亦無人兮亦無佛

대 천 사 계 해 중 구
大千沙界海中漚

일 체 성 현 여 전 불
一切聖賢如電拂

가 사 철 륜 정 상 선
假使鐵輪頂上旋

정 혜 원 명 종 불 실
定慧圓明終不失

밝게 보고 밝게 보아도 한 물건도 없으니
사람도 없고 부처도 없더라.
삼천대천세계가 바다 가운데 물거품이요
일체의 성현들도 번갯불이 번쩍하는 것이로다.
가령 쇠바퀴가 머리 위를 지나간다 해도
내가 깨달은 정과 혜는 원명해서 마침내 잃지 않도다.

일 가 냉 월 가 열
日可冷月可熱

중 마 불 능 괴 진 설
衆魔不能壞眞說

상 가 쟁 영 만 진 도
象駕崢嶸漫進途

수 당 랑 능 거 철
誰螳螂能拒轍

해가 차갑게 되고 달이 뜨겁게 되는 세상이 온다하더라도
뭇 마구니는 이 진리의 설법을 능히 무너뜨리지 못할 것이다.
코끼리에 수레를 메어 위풍당당하게 길을 가는데
어떤 당랑이 그 길을 막을 수 있겠는가.

대 상 불 유 어 토 경
大象不遊於兎徑

대 오 불 구 어 소 절
大悟不拘於小節

막 장 관 견 방 창 창
莫將管見謗蒼蒼

미 요 오 금 위 군 결
未了吾今爲君訣

큰 코끼리는 토끼의 길에서 놀지 않고

크게 깨달은 사람은 작은 절개에 구애받지 않는다.

좁은 소견을 가지고 창창히 비방하지 말라.

깨닫지 못했으니 내가 지금 그대들을 위해서 해결해 주노라.

대승찬大乘讚

대 도 상 재 목 전　　수 재 목 전 난 도
大道常在目前　雖在目前難覩

큰 도는 항상 눈앞에 있으나 비록 눈앞에 있어도 보기는 어렵다.

약 욕 오 도 진 체　　막 제 성 색 언 어
若欲悟道眞體　莫除聲色言語

만약 도의 참된 본체를 깨닫고자 하면 소리와 형색과 언어를 제거하지 말라.

언 어 즉 시 대 도　　불 가 단 제 번 뇌
言語卽是大道　不假斷除煩惱

언어가 그대로 큰 도이니 번뇌를 끊어 제거하려고 하지 말라.

번뇌본래공적　망정체상전요
煩惱本來空寂　妄情遞相纏繞

번뇌는 본래 텅 비고 고요하지만 망령된 생각이 번갈아 서로 얽히고설키는도다.

일체여영여향　부지하오하호
一切如影如響　不知何惡何好

모든 것은 그림자 같고 메아리 같으니 무엇이 싫고 좋은지를 알지를 못하도다.

유심취상위실　정지견성불요
有心取相爲實　定知見性不了

마음을 가지고 모양을 취하여 진실로 여기면 결코 견성할 수 없음을 반드시 알아야 한다.

약욕작업구불　업시생사대조
若欲作業求佛　業是生死大兆

업을 지어 부처를 구하려 한다면 업이 바로 생사의 큰 조짐이다.

생사업상수신　흑암옥중미효
生死業常隨身　黑闇獄中未曉

생사의 업이 항상 몸을 따르니 캄캄한 옥 가운데서 밝지 못하도다.

오 리 본 래 무 이　각 후 수 만 수 조
悟理本來無異　覺後誰晚誰早

이치를 깨달으면 본래로 다름이 없으니 깨달은 뒤에 누가 늦고
누가 빠르겠는가.

법 계 양 동 태 허　중 생 지 심 자 소
法界量同太虛　衆生智心自小

진리의 세계는 허공과 같으나 중생이 지혜를 쓰는 마음이 스스로
작네.

단 능 불 기 오 아　열 반 법 식 상 포
但能不起吾我　涅槃法食常飽

다만 능히 나다, 나다, 하는 소견을 일으키지 않으면 열반의 법
음식으로 항상 배가 부르리라.

망 신 임 경 조 영　영 여 망 신 불 수
妄身臨鏡照影　影與妄身不殊

허망한 몸을 거울 앞에서 그림자를 비추나 그림자나 허망한 몸이
나 다르지 않네.

단 욕 거 영 유 신　부 지 신 본 동 허
但欲去影留身　不知身本同虛

다만 그림자를 제거해 버리고 몸만 남기려 한다면 몸의 근본이

텅 빈 것과 같음을 알지 못한다.

신 본 여 영 불 이   부 득 일 유 일 무
身本與影不異   不得一有一無

몸은 본래 그림자와 다르지 않으니 하나는 있게 하고 하나는 없게 할 수가 없다.

약 욕 존 일 사 일   영 여 진 리 상 소
若欲存一捨一   永與眞理相疎

만약 하나는 두고 하나를 버리려 한다면 영원히 진리와는 서로 어긋나리라.

갱 약 애 성 증 범   생 사 해 리 부 침
更若愛聖憎凡   生死海裏浮沈

또한 성인을 좋아하고 범부를 싫어하면 생사의 바다 속에서 떴다 가라앉았다 하리라.

번 뇌 인 심 유 고   무 심 번 뇌 하 거
煩惱因心有故   無心煩惱何居

번뇌는 마음을 말미암아 있기 때문에 마음이 없다면 번뇌가 어디에 있겠는가.

불로분별취상　자연득도수유
不勞分別取相　自然得道須臾

애써 분별하여 모양을 취하지 않으면 저절로 도를 얻음이 잠깐

사이리라.

몽시몽중조작　교시교경도무
夢時夢中造作　覺時覺境都無

꿈꿀 때에는 꿈속에서 조작하지만 깨어난 때에는 깨어난 경계가

전혀 없다.

번사교시여몽　전도이견불수
翻思覺時與夢　顚倒二見不殊

돌이켜 생각해 보면 깨어 있을 때도 또한 꿈과 같으니 뒤바뀐 두

견해가 다르지 않구나.

개미취각구리　하이판매상도
改迷取覺求利　何異販賣商徒

어리석음을 고쳐 깨달음을 취해 이익을 구하면 장사하는 무리와

무엇이 다르랴.

동정양망상적　자연계합진여
動靜兩亡常寂　自然契合眞如

움직임과 고요함이 모두 없어 항상 고요해지면 저절로 진여에 계

합하리라.

약 언 중 생 이 불　초 초 여 불 상 소
若言衆生異佛　迢迢與佛常疎

만약 중생이 부처와 다르다고 말하면 멀고 멀어서 부처와는 항상
멀리라.

불 여 중 생 불 이　자 연 구 경 무 여
佛與衆生不二　自然究竟無餘

부처와 중생이 둘이 아니며 자연히 구경에는 다름이 없다.

법 성 본 래 상 적　탕 탕 무 유 변 반
法性本來常寂　蕩蕩無有邊畔

법성은 본래 항상 고요하고 넓고 넓어서 끝이 없다.

안 심 취 사 지 간　피 타 이 경 회 환
安心取捨之間　被他二境回換

편안한 마음으로 취하고 버리는 사이에 저 두 가지 경계에 휘말
리는구나.

염 용 입 정 좌 선　섭 경 안 심 각 관
斂容入定坐禪　攝境安心覺觀

용모를 가다듬고 선정에 들어 경계를 거둬들이고 마음을 안정시

켜 관찰하지만

기 관 목 인 수 도　　하 시 득 달 피 안
機關木人修道　何時得達彼岸

나무로 만든 꼭두각시가 도를 닦는 것과 같으니 언제 피안에 도
달할 수 있겠는가.

제 법 본 공 무 착　　경 사 부 운 회 산
諸法本空無著　境似浮雲會散

모든 법은 본래 공해서 집착할 것이 없고 경계는 뜬구름같이 모
였다가 흩어진다.

홀 오 본 성 원 공　　흡 사 열 병 득 한
忽悟本性元空　恰似熱病得汗

본성이 원래 공임을 문득 깨달으면 마치 열병에 걸린 사람이 땀
을 낸 것과 같다.

무 지 인 전 막 설　　타 이 색 신 성 산
無智人前莫說　打爾色身星散

지혜 없는 사람 앞에서 말하지 말라. 그대를 두들겨 패서 산산이
흩어 버리게 되리라.

보 이 중 생 직 도 　 비 유 즉 시 비 무
報爾眾生直道　非有卽是非無

그대들 중생에게 바른 도를 가르치노니 있지 않음이 곧 없지 않
은 것이니라.

비 유 비 무 불 이 　 하 수 대 유 허 론
非有非無不二　何須對有論虛

있지 않음과 없지 않음이 둘이 아니니 무엇 때문에 있음에 대하
여 없음을 논하랴.

유 무 망 심 입 호 　 일 파 일 개 불 거
有無妄心立號　一破一箇不居

있음과 없음은 망령된 마음이 세운 이름이라 하나가 부서지면 다
른 하나도 있을 곳이 없다.

양 명 유 이 정 작 　 무 정 즉 본 진 여
兩名由爾情作　無情卽本眞如

두 가지 이름은 그대의 생각으로 말미암아 생기니 생각이 없으면
곧 본래 참되고 여여하리라.

약 욕 존 정 멱 불 　 장 망 산 상 라 어
若欲存情覓佛　將網山上羅魚

만약 생각을 두고 부처를 찾으려 한다면 산에서 그물로 고기를

잡으려는 것과 같다.

도 비 공 부 무 익　기 허 왕 용 공 부
徒費功夫無益　幾許枉用工夫

한갓 수고롭게 공만 들일 뿐 이익은 없으니 얼마나 헛되게 공부를 했는가?

불 해 즉 심 즉 불　진 사 기 려 멱 려
不解卽心卽佛　眞似騎驢覓驢

마음이 곧 부처임을 알지 못하면 진실로 나귀를 타고서 나귀를 찾는 꼴이다.

일 체 부 증 불 애　차 개 번 뇌 수 제
一切不憎不愛　遮箇煩惱須除

일체를 미워하지도 않고 좋아하지도 않으면 이것이야말로 번뇌를 제거하는 도리다.

제 지 즉 수 제 신　제 신 무 불 무 인
除之則須除身　除身無佛無因

번뇌를 제거하면 자신도 제거하게 되니 자신을 제거하면 부처도 없고 인과도 없다.

무 불 무 인 가 득　　자 연 무 법 무 인
無佛無因可得　自然無法無人

부처도 없고 원인도 없는 것을 가히 얻을 수 있으면 자연히 법도
없고 사람도 없다.

대 도 불 유 행 득　　설 행 권 위 범 우
大道不由行得　說行權爲凡愚

큰 도는 수행으로 말미암아 얻어지는 것이 아닌데 수행을 말하는
것은 어리석은 범부를 위한 방편이다.

득 리 반 관 어 행　　시 지 왕 용 공 부
得理返觀於行　始知枉用工夫

이치를 깨닫고 돌이켜 수행을 살펴본다면 비로소 잘못 공부한 것
을 알게 될 것이다.

미 오 원 통 대 리　　요 수 언 행 상 부
未悟圓通大理　要須言行相扶

원만하게 통하는 큰 이치를 아직 깨닫지 못했다면 요컨대 말과
행동을 서로 의지해야 한다.

부 득 집 타 지 해　　회 광 반 본 전 무
不得執他知解　廻光返本全無

알음알이에 집착하지 말라. 근본을 돌이켜 보면 본래 아무것도 없

기 때문이다.

수 유 해 회 차 설   교 군 향 기 추 구
誰有解會此說　敎君向己推求

누가 이러한 말을 이해하겠는가? 그대에게 이르노니 자기에게서
미루어 찾아라.

자 견 석 시 죄 과   제 각 오 욕 창 우
自見昔時罪過　除却五欲瘡疣

스스로 지난날의 허물을 보아서 오욕의 부스럼을 없애야 하리라.

해 탈 소 요 자 재   수 방 천 매 풍 류
解脫逍遙自在　隨方賤賣風流

해탈하여 소요자재하면 곳곳에서 풍류를 값싸게 파느니라.

수 시 발 심 매 자   역 득 사 아 무 우
誰是發心買者　亦得似我無憂

누가 마음을 내서 살 사람인가? 사게 되면 나와 같이 근심 없으
리라.

내 견 외 견 총 악   불 도 마 도 구 착
內見外見總惡　佛道魔道俱錯

안팎의 견해가 모두 나쁘면 불도와 마도가 모두 잘못이네.

피차이대파순　변즉염고구락
被此二大波旬　便卽厭苦求樂

이 두 가지 큰 마왕에게 사로잡히면 즉시 괴로움을 싫어하고 즐거움을 구하리라.

생사오본체공　불마하처안착
生死悟本體空　佛魔何處安著

삶과 죽음의 본바탕이 공임을 깨닫게 되면 부처와 마구니가 어느 곳에 붙어 있겠는가?

지유망정분별　전신후신고박
只由妄情分別　前身後身孤薄

다만 망령된 생각으로 분별하기 때문에 살아온 삶이나 살아갈 길이 외롭고 보잘것없다.

윤회육도부정　결업불능제각
輪廻六道不停　結業不能除却

육도에 윤회에서 쉬지 못하고 맺은 업을 없애지 못하는구나.

소이유랑생사　개유횡생경략
所以流浪生死　皆由橫生經略

그런 까닭에 삶과 죽음에 떠다니나니 모두가 제멋대로 수단을 부리기 때문이다.

신 본 허 무 부 실　　반 본 시 수 짐 작
身本虛無不實　　返本是誰斟酌

몸은 본래 허무하여 실답지 못하니 근본으로 돌아가면 누가 헤아

리겠는가.

유 무 아 자 능 위　　불 로 망 심 복 탁
有無我自能爲　　不勞妄心卜度

있음과 없음은 내가 스스로 만든 것이니 망령된 마음으로 애써

헤아리지 말라.

중 생 신 동 태 허　　번 뇌 하 처 안 착
衆生身同太虛　　煩惱何處安著

중생의 몸은 허공과 같으니 번뇌가 어느 곳에 붙겠는가.

단 무 일 체 희 구　　번 뇌 자 연 소 락
但無一切希求　　煩惱自然消落

다만 일체 바라거나 구하는 바가 없으면 번뇌는 저절로 없어지

리라.

가 소 중 생 준 준　　각 집 일 반 이 견
可笑衆生蠢蠢　　各執一般異見

가소롭구나. 중생들의 꿈틀거리는 모습이 제각기 한결같아 다른

소견에 집착하는구나.

단욕방오구병   불해반본관면
但欲傍鏊求餅   不解返本觀麵

다만 냄비 옆에서 구운 떡 먹기를 바랄 뿐 근본으로 돌아가 밀가
루를 볼 줄은 모른다.

면시정사지본   유인조작백변
麵是正邪之本   由人造作百變

밀가루가 옳고 그름의 근본이지만 사람의 조작으로 말미암아 백
가지로 달라진다.

소수임의종횡   불가편탐애연
所須任意縱橫   不假偏耽愛戀

필요에 따라 마음대로 만들어 내나니 좋아하는 것만 치우쳐 탐할
것이 아니다.

무착즉시해탈   유구우조라견
無著卽是解脫   有求又遭羅罥

집착하지 아니하면 즉시 해탈이요, 구함이 있으면 다시 그물에 걸
린다.

자심일체평등   진즉보리자현
慈心一切平等   眞卽菩提自現

자비로운 마음은 일체에 평등하고 진여 곧 깨달음이 스스로 나타

나리라.

약회피아이심   대면불견불면
若懷彼我二心   對面不見佛面

만약 너와 나라는 두 마음을 품으면 부처를 대면하고도 부처를
알아보지 못할 것이다.

세간기허치인   장도부욕구도
世間幾許癡人   將道復欲求道

세간에는 얼마나 어리석은 사람이 많은가 도를 가지고 다시 도를
구하는구나.

광심제의분운   자구기신불요
廣尋諸義紛紜   自救己身不了

온갖 이치를 찾기에 바쁘지만 자기 몸도 스스로 구제하지 못하네.

전심타문난설   자칭지리묘호
專尋他文亂說   自稱至理妙好

오로지 남의 글과 어지러운 말만을 찾아서 지극한 이치가 묘하고
좋다고 스스로 말하노라.

도로일생허과   영겁침륜생사
徒勞一生虛過   永劫沈淪生死

한갓 수고로이 일생을 헛되이 보내고 영겁 동안 생사에 빠지는
구나.

탁 애 전 심 불 사　　청 정 지 심 자 뇌
濁愛纏心不捨　　淸淨智心自惱

혼탁한 애욕에 묶인 마음 버리지 못하면 청정한 지혜의 마음이
스스로 번뇌한다.

진 여 법 계 총 림　　반 생 형 극 황 초
眞如法界叢林　　返生荊棘荒草

진여법계의 울창한 숲이 도리어 가시와 잡초만 무성하네.

단 집 황 엽 위 금　　불 오 기 금 구 보
但執黃葉爲金　　不悟棄金求寶

다만 누런 낙엽을 집착해서 금을 삼고 황금을 버리고 보배를 구
하는 줄은 깨닫지 못하네.

소 이 실 념 광 주　　강 력 장 지 상 호
所以失念狂走　　强力裝持相好

그런 까닭에 실성하여 미쳐 날뛰며 억지로 겉모습 꾸미는 데에만
힘을 쏟는구나.

구 내 송 경 송 론　심 리 심 상 고 고
口內誦經誦論　心裏尋常枯槁

입속으로는 경을 외우고 논을 외우나 마음속은 언제나 바싹 말라
있구나.

일 조 각 본 심 공　구 족 진 여 불 소
一朝覺本心空　具足眞如不少

하루아침에 본심이 공한 것을 깨닫게 되면 진여를 갖추어 모자람
이 없다.

성 문 심 심 단 혹　능 단 지 심 시 적
聲聞心心斷惑　能斷之心是賊

성문의 마음은 미혹을 끊으려 하지만 능히 끊는 그 마음이 바로
도적이로다.

적 적 체 상 제 견　하 시 요 본 어 묵
賊賊遞相除遣　何時了本語黙

도적과 도적이 번갈아가며 쫓아내니 어느 때에 본래의 말과 침묵
을 요달할 것인가.

구 내 송 경 천 권　체 상 문 경 불 식
口內誦經千卷　體上問經不識

입으로는 천 권의 경전을 외우고 있지만 근본 바탕에서 경전을

물으면 알지 못한다.

불 해 불 법 원 통　도 로 심 행 수 묵
不解佛法圓通　徒勞尋行數墨

불법이 원만하게 통함을 알지 못하고 한갓 수고로이 글줄을 찾고 글자를 헤아리네.

두 타 아 란 고 행　희 망 후 신 공 덕
頭陀阿練苦行　希望後身功德

모든 것을 버리고 조용한 곳에서 고행하며 뒷세상에 받을 몸의 공덕을 바란다.

희 망 즉 시 격 성　대 도 하 유 가 득
希望卽是隔聖　大道何由可得

바라는 것이 있으면 곧 성인과 멀어지나니 큰 도를 어떻게 얻을 수 있겠는가.

비 여 몽 리 도 하　선 사 도 과 하 북
譬如夢裏度河　船師度過河北

비유하면 꿈속에서 강을 건너는 것과 같으니 뱃사공이 강 저쪽으로 건네 주네.

홀 교 상 상 안 면   실 각 도 선 궤 칙
忽覺床上安眠　失却度船軌則

문득 침상에서 단잠을 깨어 보니 배로 강을 건너는 법칙을 잃어
버렸네.

선 사 급 피 도 인   양 개 본 불 상 식
船師及彼度人　兩箇本不相識

뱃사공과 강을 건너는 사람은 두 사람이 본래 서로 알지 못한다.

중 생 미 도 기 반   왕 래 삼 계 피 극
衆生迷倒羈絆　往來三界疲極

중생이 미혹해서 얽히고설키어 삼계에 오고감에 피로함이 극에
달했다.

각 오 생 사 여 몽   일 체 구 심 자 식
覺悟生死如夢　一切求心自息

생사가 꿈과 같음을 깨닫는다면 일체 마음을 구하는 것이 저절로
쉬어지리라.

오 해 즉 시 보 리   요 본 무 유 계 제
悟解卽是菩提　了本無有階梯

깨달아 아는 것이 곧 보리이니 근본을 깨달으면 단계가 없다.

감 탄 범 부 구 루   팔 십 불 능 발 제
堪歎凡夫傴僂　八十不能跋蹄

곱사등이 같은 범부들을 탄식하나니 팔십이 되어서도 능히 걷지
를 못하는구나.

도 로 일 생 허 과   불 각 일 월 천 이
徒勞一生虛過　不覺日月遷移

한갓 수고로이 일생을 헛되이 보내면서 세월의 흐름도 알지 못하
는구나.

향 상 간 타 사 구   흡 사 실 미 해 아
向上看他師口　恰似失孃孩兒

위를 향해 저 스승의 입을 바라보는 것이 마치 어미 잃은 아이와
같구나.

도 속 쟁 영 집 취   종 일 청 타 사 어
道俗崢嶸集聚　終日聽他死語

도속인이 다투어 모여들어 종일토록 남의 죽은 말만 듣고 있구나.

불 관 기 신 무 상   심 행 탐 여 낭 호
不觀己身無常　心行貪如狼虎

자기의 몸이 무상한 줄 보지 못하고 마음에 탐욕을 부리는 것이
이리와 호랑이 같네.

감차이승협열　요수최복육부
堪嗟二乘狹劣　要須摧伏六府

슬프다. 이승들은 소견이 좁아서 오장육부를 억눌러 항복받으려
하네.

불식주육오신　사안간타음저
不食酒肉五辛　邪眼看他飮咀

술과 고기와 오신채를 먹지 않으며 삿된 눈으로 남이 마시고 먹
는 것을 바라보네.

갱유사행창광　수기불식염초
更有邪行猖狂　修氣不食鹽醋

더하여 삿된 행위로 어지럽게 날뛰며 기운을 단련하여 소금과 식
초를 먹지 않는구나.

약오상승지진　불가분별남녀
若悟上乘至眞　不假分別男女

만약 최상승의 지극한 진리를 깨달으면 남녀를 분별함도 없어야
하리라.

무비 스님의 삼대 선시 특강

초판 1쇄 펴냄 2016년 11월 25일

강   설 | 무비 스님
발 행 인 | 이자승
편 집 인 | 김용환
펴 낸 곳 | (주)조계종출판사
출판부장 | 이상근
책임편집 | 김경란
편   집 | 김재호 김소영
디 자 인 | 이연진
마 케 팅 | 김영관

출판등록 | 제300-2007-78호(2007.04.27.)
주   소 | 서울시 종로구 우정국로 67 대한불교조계종 전법회관 2층
전   화 | 02-720-6107~9
팩   스 | 02-733-6708
홈페이지 | www.jogyebook.com

© 무비 스님, 2016

ISBN 979-11-5580-081-2 03220